周嘉辰◎著

叢書序

文化向來是政治學研究中爲人忽略的課題，因爲文化涉及主觀的價值與情感，它賦予人類爲了因應特定時空所仰賴的主體意識，從而得以進行各種發展並創意調整，故與當代政治學追求跨越時空的行爲法則，甚至企圖預測歷史進程的必然途徑，可說是南轅北轍的思惟模式。正因爲如此，西方主流政治學的研究議程中，存在著對文化開展起封閉凝固作用的知識論，當這個議程經由近二十年來留學西方的學者帶回國內之後，也已經對在地政治知識的開展產生封鎖的效果。

在這樣的知識社會學背景之下，「知識政治與文化」研究系列推出了，乃是揚智文化盡其心力，回歸在地的勇敢表現，不僅率出版界的先聲，向西方科學主義主宰的文化霸權宣告脫離，更有開拓本土的知識視野，爲在地文化的不受主導做出見證。這個系列的誕生，呼喚著知識界，共同來發揮創意的精神，解放流動的能量，爲邁進新世紀的政治學，注入人性與藝術的氣質。

「知識政治與文化」系列徵求具有批判精神的稿件，凡是能對主流政治學知識進行批判與反省的嘗試，尤其是，如果作品能在歷史與文化脈絡當中，發掘出受到忽視的弱勢，或在主流論述霸權中，解析出潛藏的生機，都是系列作者群的盟友，敬請不吝加入這個系列。不論是知識界勇於反思的先進同仁，或亟思超越法則規範的初生之犢，都歡迎前來討論出版計畫；學位論文寫作者如懷有相關研究旨趣，尤其歡迎在大綱階段便即早來函賜教。

我們期盼伴隨著系列一起成長，任由自己從巍峨皇殿的想像中覺醒，掀開精匠術語的包裝，認眞傾聽，細心體會，享受驚奇，讓文化研究的氣息蔚然成風。

自 序

時至今日，「女性主義」對許多生活在台灣社會裡的人而言，似乎已經不是一個陌生的詞彙。然而，喊出自己是個女性主義者，對許多人而言其沉重感似乎也不見得就比一百年前更少。一方面，你得面對著貌似進步，實際卻仍存刻板印象的台灣社會，冷不防地對你另眼相看：你得面對著仍然有人說你關心的是雞毛蒜皮小事、你得面對著仍然有人猜測女性主義者的前輩子一定是男人……，另一方面，你也得面對著那些以保護爲名、溫柔地只想把你放在溫室的新好男人話語。種種已是陳腔濫調，但又不斷再度翻新的說法，排山倒海地催促你退卻。記得一位在婦運界工作的朋友曾經感嘆：「有時候，我寧願只稱自己是人性主義者」。人性主義的內涵或許混沌不清，卻深刻地道出了女性主義被社會刻板化的憂心。一個願意把標籤貼在身上的女性主義者，其實背負了難以想像的負擔。一個被貼上標籤的人，彷彿就只擁有這些早被刻板化了的標籤，然而，人的複雜性是不是在這裡被不當地簡單化了？

這些問題也顯示著即使在今天，女性主義雖然已愈來愈爲大衆所知悉，然而，長期以來，女人與政治之間的關係卻仍未多受重視。儘管已有愈來愈多的女性參政，女性愈來愈可以撐起半邊天，但是，在踏入這個被多數人認爲與權力宰制難分難清的政治世界裡，女人與政治的關係卻又顯得相當地微妙。一方面，在政治世界裡獲得一席之地的女人經常繼續遭受傳統社會刻板印象的指責，另一方面，如果將參政訴求當作女性爭取權力的標準，又很可能導致忽視多樣女性需求的後果。這些微妙關係的實例經常在身邊就可以找得到，使得女人與政治之間的關係愈形複雜難解而需要更多的釐清。

本書改寫自我的碩士論文〈命名風波：從「女人」作爲政治範疇談女性主義的政治觀〉，感謝石之瑜老師豐富的指導，石老師對於提攜後輩不遺餘力，本書才得以出版。感謝林維紅老師、黃競涓老師、黃長玲老師等幾位不斷地爲我的論文、課業與生活提供絕佳建議的好老師，感謝江宜樺老師自大學以來認眞又親切的諄諄教誨，以及陳思賢老師、蕭全政老師、林俊宏老師等幾位屢次爲我解惑的好老師，感謝廖咸浩老師、吳嘉苓老師對於論文與大綱的寶貴意見，以及涵浦、修倫、紀樺、吉雄、樹山、尙志、國鼎與台大婦女研究室多位夥伴的關懷與扶持，感謝我的家人對我無微不至的照料，我的父親周俊生先生對於國學與社會科學的重視、我的母親劉富榮女士對於自立的要求都深深影響我，我的妹妹嘉泰則總是提供我最好的意見交換。本書能夠順利付梓雖令人欣喜，卻也讓人感到如履薄冰，文中若有錯誤，敬請讀者不吝來函予以指正。

作爲一個以女性主義爲書寫目的的作者，我的戒愼恐懼從未停息。在新興社會運動已經成爲一個流行名詞的今天，喊出自己是女性主義者，該面對的問題還不僅止於挑戰社會的刻板印象。作爲女性主義者，你可能更需時時檢視支撐自己的道德光環，別讓所有人在社會改革的口號面前都只能低了頭。所以，女性主義絕不能作爲一種標榜，更不是安身立命的一個說法，它是一種實踐、是一種眞實的社會關懷。什麼是社會關懷？這需要在日常生活裡的處處留心，因爲，需要的不是濫情式的傷感，而是眞實深刻的反省。這些反省才是所有寫作的源頭，也是驅策更多研究的動力。

台大社科院

周嘉辰

目　錄

第一章

緒論：誰是女人？誰在政治？

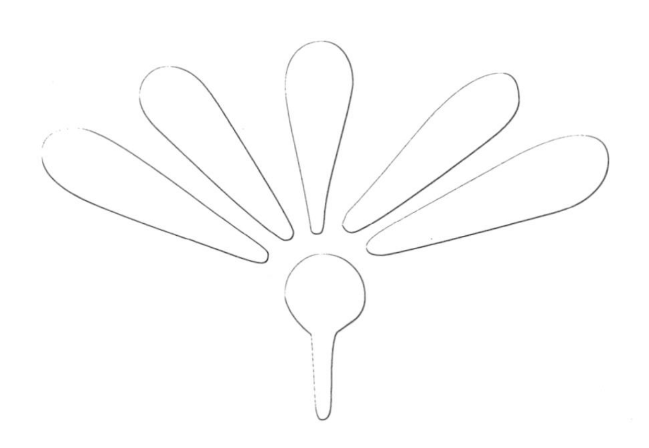

第一節　從內部爭議到「女人」一詞的反省

二〇〇〇年六月，台北市東區忠孝復興捷運站入口處懸著一張大海報，海報的創作內容是兩個彎腰面對面，狀似即將接吻的女生。海報一出，有人覺得活潑俏皮，也有人忍受尷尬行經每天上班上學必由之路，或者忍受不了而在圖像下方表達了如下的意見：「同性戀可以理解，但不該當眾被大聲鼓舞！就像感冒，大家實在不需努力讓它成爲流行性感冒？不怪作者，但不負責的社會公器及企業，該負責拆掉。」令同志運動者大爲感嘆。再對照幾個月前，國內一份期許爲新世代發聲的刊物《破周報》（*Pots: The Voice of Generation Next*），在復刊一〇一號（3/24-4/2, 2000）中，以短髮、留鬍、著西裝、手叼煙、消瘦而秀氣的跨性別者爲封面，討論「性別解放的最終旅程：跨性別運動」。若我們將關注焦點轉向至婦女運動，民法親屬篇的修訂、家庭暴力防治法的通過、兩性工作平等法的施行，婦女團體的許多議題似乎已經成爲社會整體的普遍共識。兩相比較之下，跨性別運動似乎更能吸引社會運動者的目光，甚至也有人認爲是社會運動者更該施力的方向。事實上，同志運動與跨性別運動早已如火如荼展開。同志運動與跨性別運動對於婦女運動的衝擊與挑戰由來已久，早期的同異合作，之後的同女出走，乃至於女性主義內部波滔洶湧的辯論，從「豪爽女人」到「公娼議題」，衆聲喧嘩，爭議不斷。一九九七年底的「婦女新知基金會」人事異動，亦即所謂的「家變」事件，更標示著女性主義界「無法選擇沉默」[1]，爭議與分裂浮上檯面。

回顧台灣女性主義界的紛爭，筆者認爲可以大致將其區分爲兩大陣營[2]。一方主張透過公共政策的推進以改善婦女的處境；另一方則主張在體制邊緣持續不斷創造新的運動主體與運動空間，強調以邊緣戰鬥爲主。兩大陣營之間互有批判，主張制訂政策以改善婦女處境者批評跨性別論述的提出是一種對婦女運動的「反挫」，稀釋了女性主義的運動力量，更造成了矛盾與分化，失去了統一努力的方向；主張邊緣戰鬥者則認爲主流婦運已「雙重標準地挑揀在社會上爭議小、道德無暇的受害者形象的所謂好女人爲群眾」(王蘋、丁乃非、倪家珍、隋炳珍，1998：94)。筆者認爲，她們之間的爭論焦點可以表述成，一方認爲「女人」具有某種程度的共同特質或共同利益，可以作爲運動與政策的主體；另一方則認爲「一個無法以性別來歸類或想像的人種正自然在萌芽中」，變性反串與同性戀等的「男女不分」正宣示著跨性別運動的來臨（卡維波，2000：8)。雙方各有堅持。

讓我們仔細檢視雙方的觀點。對於致力推進公共政策者而言，婦女運動的政治目標首重「將過去一向視之爲婆婆媽媽、不登大雅的『女人的事』，提昇爲政治論述，進而落實爲公共政策，藉以改變女性的集體處境」（顧燕翎，1998：98）。她們的主要目標在於推進公共政策以改善婦女處境，所以政策的結果乃是訴求的重點。當然，在落實爲公共政策之前必須先釐清婦女議題的內涵，因此這些婦運團體相當重視對婦女議題作出討論，例如，性教育的內涵應是什麼？如何落實？民法親屬篇該如何修訂？要不要引進代理孕母？但是，多數的討論很少引進一項懷疑，即「女人」是一個範疇的有效性。「女人」作爲一個範疇是討論的基礎，也是婦女運動之所以爲「婦女」運動的起點。因此，當婦女團體開始討論什麼是「婦女議題」？婦女議題的優先順序是什麼？誰可以代表「女人」？……等之類的問題後，婦女團體內部就不可避免地發生了爭論，因爲這些問題挑戰了「女人」作爲一個範疇的有效性。

另一方面，主張以邊緣戰鬥爲主的人則強調不斷尋找「開拓性」的議題與「新興」的運動主體（丁乃非，1998：96）。具體而言，是在運動過程與政治論述之內不斷創造新的運動主體與空間，所以她們特別關心女同性戀及公娼等新興議題。女同性戀、公娼等所謂新的運動主體使得「女人」不再是鐵板一塊，凸顯了「女人」之內的分歧，卻可能使得婦女運動的集結發生危機。至此，婦運路線的爭議焦點不再只是如何落實有利於婦女的公共政策，而是深入至婦女運動的起點，質疑婦女運動的解放對象──「女人」這個範疇究竟爲何。

因此，追根究底，爭論的問題癥結在於：「誰」可以代表「女人」？那些在政治領域裡被訴諸的「女人」，其內涵究竟爲何？換句話說，誰是女人？誰在政治？如果「女人」各有不同，女性主義是否仍然可以在政治上宣稱有「女人」的存在？有沒有所謂「女人」這個範疇？「女人」可不可以成爲一個在政治上發聲的群體？也就是成爲一個政治範疇？這種種問題均關聯著我們如何解釋「女人」的內涵。何謂「女人」？這是個十分嚴肅的問題，絕非脫光衣服就知道了。實際上，生理事實的意義常伴隨著時空文化的不同而改變，更遑論種族、階級、地域、族群、性取向等對女人內涵的影響力。如果情況若此，女性主義者還要不要堅持「女人」具有共同的特質？如果「女人」不具共同特質，如何宣稱「女人」是一個政治範疇？「誰」可以代表「女人」？「誰」在參與政治？各種不同的差異與「女人」之間的相互交錯，使得這些質疑變得相當重要，是當前女性主義者不可不面對的問題，任何女性主義者都不應忽視甚或迴避其挑戰。面對「女人」不具同一性的質疑，我們是不是可以尋找到一種新的對「女人」的看法，既不會將「女人」定義成「好女人」，更不會產生質疑者所擔心的排他性？

讓我們再回頭審視上述的兩大陣營。這兩大陣營對婦運的目標各有不同的界定，一方以推進公共政策為主，另一方則以邊緣戰鬥為主。當然，這樣的分類或有化約，事實上，主張推進公共政策的婦運工作者不可能放棄對體制的戰鬥，主張邊緣戰鬥者也不見得不欲推進公共政策，但筆者發現，這樣的分類卻指出了某些重要的事實。檢視兩方各自的論述，我們可以看到，「女人」如何作為範疇不但關係著婦女運動集結的起點、左右了婦女運動的發展方向、影響了女性主義者如何界定自身目標，更與女性主義者對政治的看法高度相關，甚至可以說，是女性主義者如何想像與看待「政治」的基礎，試看雙方的論點。

對主張推進公共政策者而言，政治之首要在於公平的政策制訂結果，為了達成這個結果，婦運團體十分致力於使更多的女人加入婦女議題的討論過程，例如，提出了「三分之一議會席次」的口號，因為若是愈多的女人參與，有利於婦女的政策就愈有可能成形。當然，鼓勵婦女參與的意圖不僅在於壯大聲勢、相互結盟以茲獲得想要的政策結果，婦運關懷「送女人進議會」、「女人選女人」的原因尚且在於希望提昇女人的政治參與。然而，她們卻很少討論到這個「把女人送進議會」的「女人」是哪些「女人」，這個「女人」是不是可以包含所有階層的「女人」。由於將重點放在法案或政策結果的推行與落實，政治領域的討論焦點便集中於「如何推行有利於婦女的公共政策」，很少論及女人之中的差異該如何處理，以及為什麼可以把「女人」看成是一個政治範疇、是一個可以被政治動員的對象，換言之，她們很少論及於「誰是女人、誰在政治」的問題。因此，持這類政治觀的結果常是不去質疑「誰」可以代表「女人」。也就是在這一層意義上，主張推進公共政策的婦運經常被批評是「中產階級的婦運」[3]，因為這些公共政策是中產階級女人想望的公共政策，這些「女人」經常類同於中產階級的女人。

另一方面，對主張邊緣戰鬥者而言，政治之首要在於不斷形塑新的政治認同，並持續對體制進行衝撞與抗爭。然而，檢視其論述，我們漸趨看到一種傾向，即將「參政要求」與「關懷邊緣主體」對立起來，當成是婦運立場及目標的兩條線。這兩條線並非平行，卻時而相互扞格，扞格在資源分配與訴求重點的選擇上。主張關懷邊緣主體的人認爲，主流婦運團體對參政議題熱切疾呼，對女同性戀及公娼議題卻斷然冷漠，她們因而認爲主流婦運不忍割捨兩性框架，將「在『兩性』架構之外或邊緣遊走的女性主體，當成是附屬、附帶、次要的、需要被國家掌管、輔導，甚至消滅的（非或不足）主體」（丁乃非，1998：95）。職是之故，「兩種女性主體說」於焉成行。在兩種主體說之下，婦運的這兩條線又似乎顯得平行而無扞格，平行之因在於關懷邊緣主體者很少進一步釐清參政訴求與關懷邊緣主體二者之間的關係。因此，她們對參政目標並不關心，僅僅將參政訴求當作是爲中產階級女性的利益而服務，彷彿政治參與只與中產階級女人相關。換言之，在邊緣戰鬥者的觀點裡，前一類女性主義者所珍視的政治參與問題經常變得無關緊要，因爲她們的關心重點多在於如何開創新的運動主體。也因此，在她們的論述中，政治參與的價值多被忽略。不僅如此，關懷邊緣主體論者也似乎漸趨否定了「女人」一詞的繼續存在，而代之以「公娼」、「女同性戀」等詞彙，那麼，「女人」範疇是否眞不可再被保留？有沒有在不導致排他的情況下，持續使用「女人」一詞的可能？

這兩大陣營之間的爭論，顯示了台灣婦運從內部產生爭議，到開始對「女人」一詞進行反省的過程。然而，以上兩種看法均難掩所缺，由於認爲婦運的目標是集結力量以推進有利婦女的公共政策，以推進政策爲主的婦運將政治領域的焦點置於政策的推動，可能落入將「女人」等同於「中產階級女人」的危險；另一方面，以邊緣戰鬥爲主的運動雖然排除女人的同一性，卻常常忽略了持續使用「女人」一詞的可能以及政治參與的價值。那麼，如何尋求一種能夠避免將「女人」等同於「中產階級女人」，同時又可對「政治」抱持更寬廣的看法，則是當前台灣婦運的重要課題。這個課題該如何釐清？筆者認爲，其他地區的女性主義，特別是英語世界女性主義[4]關於這項問題的思考可以提供我們一個參考之例。

回顧英語世界女性主義的發展，我們發現，由於漸趨重視其他差異與「女人」之間的交錯影響，當代英語世界女性主義者也同樣面臨著是否要繼續使用「女人」一詞的難題。細言之，英語世界女性主義對於「女人」看法的轉變，從「我們都是女人」到「我們不是女人」，以致於再重新思考「我們」仍是「女人」的過程，正好可以作爲一個參考，有助於我們釐清「誰是女人？誰在政治？」的問題。因此，筆者認爲，分析英語世界女性主義關於「女人」一詞使用上的轉變，將有助於我們釐清本土婦運的爭論。本書即從「誰是女人？誰在政治？」的角度分析英語世界女性主義的發展，探究在英語女性主義的文獻中，「女人」這個詞彙，爲何會從不受爭議的情況轉變成爲漸受質疑與檢討？這中間是受到哪些因素的影響？這個轉變的起因爲何？在分析英語世界女性主義發展的同時，本書亦將討論英語世界女性主義在提出「誰是女人？誰在政治？」的質疑之後，如何重新將「女人」詮釋爲政治範疇的各種方式。這些方式有關於女人如何作爲「女人」的問題，有助於我們思考是否可以發展出關於「女人」作爲政治範疇的新的論述可能[5]，特別是如何在不僵固「女人」範疇的情況下，持續使用「女人」一詞與重新看待「女人」爲政治範疇的可能，以及在這種可能性之中，女性主義者關於理想政治的規劃爲何。

第二節　後現代理論與女性主義

西方女性主義的理論源頭豐富而多元，從自由主義、社群主義、馬克思主義、社會主義、精神分析、存在主義、後現代理論等理論中汲取了不同程度的養分，許多學者也據之將其分類爲不同的流派[6]。儘管如此，就揭露權力宰制的立場而言，女性主義與後現代理論卻常有異曲同工之妙，甚至可以說，無論被劃歸爲哪一流派，女性主義均分享著後現代理論關於知識權力的批判觀點。有些學者因而認爲，雖然無法將當代女性主義完全納入後現代理論的隊伍之中，但當代女性主義至少可以成爲後現代理論的一個重要組成部分（高宣揚，1999：373）。本書即從女性主義與後現代理論之間的關係出發，藉以說明後現代理論的發展如何影響了西方女性主義對於「女人」一詞的使用。

片斷化（fragments）的強調是後現代理論的主要特徵，女性主義界多采多姿的各樣論述，正好體現了許多後現代學者所重視的複雜與多元。就有學者指出，衆多被邊緣化的團體都相當歡迎後現代理論，因爲後現代標示著一種多元時代的來臨。各種團體可以據此闡明自我立場的特殊性，並強調自己與其他團體之間的差異。因此，後現代理論與女性主義結合的結果是女性主義對於他性（otherness）看法的改變。女性雖是他者（other），但他者的狀況卻並非必須被超越，反而標示著種種優點，因爲他性是一種能夠容納開放性、多元性、變化性，以及差異性的思考方式（Tong, 1996: 383-395）。

由於致力揭露各種權力宰制關係，批判理性與主體的一元，也有學者認爲，在女性主義的實踐上，後現代理論可以用來解構父權宰制的意識型態（Fraser & Nicholson, 1988）。同時，後現代理論政治化了社會領域的各個層面[7]，強調權力關係的無所不在，使得抗爭可以多樣的形式出現，也呼應了女性主義者相當重視的社會日常生活抗爭。對後現代理論而言，任何基礎主義（foundationalism）與普遍主義（universalism）都應受到批判，因其可能隱藏了特定的利益，並爲特定的權力體系而服務；女性主義則指出過往歷史的父權中心思考，認爲現代理論壓抑了女性的主體，忽視了女性的生活經驗，將男性特質推崇爲人性本質。不但如此，許多女性主義者更從後現代理論的批判中汲取靈感，進一步檢討那些將「女人」等同於「母親」特質的女性主義，因爲這些理論忽視了特定時空、特定社會權力對於「女人」的建構。後現代理論使女性主義察覺權力宰制的多元軸線，正視不同膚色、不同階級的女人的差異性，並進一步闡釋不同女人的特殊性。

從後現代理論出發的這類思考，儘管促使女性主義者見識到女人之間的差異，擴大了女性主義的視野，卻同時使得「女人」一詞是否仍然可以在政治領域內有效地被宣稱，產生了問題。換言之，儘管後現代理論有助於女性主義批判傳統的權力宰制關係，然而，由於強調權力的多元軸線，後現代理論對於女人之間差異的重視卻很可能使得「女人」一詞的使用產生危機。也因此，後現代理論之於女性主義的關係，似乎顯得亦能載舟，亦能覆舟。一方面，後現代理論有助於女性主義批判傳統的權力宰制關係，但另一方面，後現代理論對於多元的重視，也使得女性主義者很難再去宣稱「女人」一詞的統一性。許多學者指出，女性主義作爲一種社會運動，其團結的基礎不外乎強調「女人」的同一性與成爲「女人」的共同理由（Soper, 1990: 13-4），也就是說，女性主義經常必須透過宣稱「我們都是女人」來達到訴求的目的，如果「我們是不同的女人」，甚至根本不是所謂的「女人」，那麼，「女人」一詞是否仍然可以被保留？「女人」還可不可以成爲一個政治範疇？

同樣地，由於不再相信鉅型正當性敘述，後現代理論強調社會、理性與主體的偶然性（contingency），使原本受壓抑的主體得以出現，可以說進一步基進化了解放的可能（Laclau, 1990）。這個可能也顯示在英語世界女性主義的發展過程之中，檢視英語世界女性主義，我們發現，女性主義雖血淚控訴男性宰制，卻可能落入了刻板化女性的陷阱、壓抑了某些不受重視的主體。透過分析女性主義理論內部的種族、階級盲點，當前英語世界女性主義者意欲加入不同女人、關懷弱勢女人的企圖鮮明活現，進一步開啓了社會抗爭的多元面向。這些多元的社會抗爭包括第三世界女性、黑人女性、原住民女性運動等的蓬勃發展，對傳統女性主義的論述做出了很大的檢討與修正，也促使了「誰是女人？誰在政治？」的問題漸趨浮現。

總結來說，後現代理論與女性主義之間的關係可謂相當複雜。首先，英語世界女性主義與後現代理論相輔相成，批判父權體制的宰制，使原先受壓抑的女性主體得以出現。其後，第三世界女性主體、黑人女性主體、同性戀女性主體等亦同樣有了行動的空間。這些多元的差異促使女性主義者開始關心：「女人」作爲一個政治訴求的對象，究竟其所指爲何？這也就是「誰是女人？誰在政治？」的問題。「誰是女人？誰在政治？」的問題使得英語世界女性主義者面臨了全新的挑戰。面對「女人」不具同一性的質疑，英語世界女性主義者開始著手思考如何在不導致排他性的情況下，持續使用「女人」一詞的可能性。這些可能性同時影響了女性主義者關於理想政治的看法，使得女性主義者對政治產生了嶄新的認識。

本書從後現代理論與女性主義之間的關係出發，依循英語世界女性主義的發展，以「女人」作爲範疇的角度重新掌握並詮釋英語文獻。本書著重於檢討「女人」一詞在英語女性主義論著中的轉變，並分析在英語世界女性主義論述中，「誰是女人？誰在政治？」的問題，同時，由於「女人」作爲範疇不但關係著成爲政治行動範疇的樣貌與可能，更對女性主義者如何規劃理想的政治產生決定性的影響，本書亦將以此角度檢視英語世界女性主義對於理想政治看法的變遷。

本書的基本分析架構如下：藉由探究與揭露「女人」如何被界定，討論這些論述隨後以什麼樣的方式爲女性主義者運用，並據之勾勒出女性主義者理想的政治觀。本書認爲，女性主義者關於政治的想像均立基於她們如何對「女人」進行理解的問題上。換言之，女性主義對於理想政治的看法之所以轉變，實導源於如何詮釋「女人」的差別。因此，如何看待「女人」爲範疇是癥結所在，更是問題討論的重心與起點。

本書除緒論外，共分爲五個部分。第二章從平等vs.差異之辯出發，討論差異女性主義如何從對平等女性主義的批評之中，提出何謂「女人」與「女人」作爲範疇的界定，並論及二者相異的政治觀；第三章則說明女性主義對於「女人」普遍本質的檢討，可從性別之內的差異，包括黑人女性主義、第三世界女性主義，以及「性」與「性別」無分二方面說明之；第四章探討女性主義的兩難：如何一方面避免落入普遍主義與本質主義的僵化，另一方面又能保留持續使用「女人」一詞的可能，亦即如何在避免僵化的情況下重新詮釋「女人」爲範疇，本章將檢視並評價九〇年代英語世界女性主義[8]所提出的三種解答方案，包括複數性別、「女人」作爲社會系列，以及「女人」是政治論述的產物；第五章則接續第四章，討論九〇年代英語世界女性主義的政治觀，亦即在支持以論述理論詮釋「女人」爲範疇的情況下，女性主義者如何提出她們的政治想像——基進民主，並嘗試回答多元文化主義與女性主義的衝突及糾葛；最後則試圖依據上述關於英語世界女性主義文獻的討論結果，對本土女性運動的發展做出詮釋與檢討。

尙需一提的是，儘管將焦點集中於女性主義界的爭論，本書最終的研究旨趣並不限於「女人」，也非僅及於女性主義本身。本書關切各種差異以何種方式宣稱自己是一個範疇，例如，「女人」以何種方式宣稱「我們是女人」？以及「原住民」以何種方式宣稱「我們是原住民」？本書之所以從英語女性主義著手，主要在於英語女性主義理論豐沛，不同時期女性主義訴求的改變，正好體現了「差異範疇基礎」的轉換。不但如此，英語世界女性主義所面對的這些問題正是當前認同政治（identity politics）的難題。自六〇年代開始，認同政治即與「新興社會運動」（new social movements）緊密相聯，各種差異範疇不再只爲爭取平權，而是強調本身不同於主流甚或更爲優越的文化差異。然而，在反本質主義與反普遍主義的挑戰下，「如何作爲政治範疇」成了各種差異的新興課題。因此，雖然不同差異在面對著不同的情境，與女性主義未必相同，但由於都會遇到相似的難題，類似的論證也可以由這些差異開啓。

註釋

1《婦女新知通訊》在事件發生之後的第186期（1998年2月號），就基金會的立場，以「如果可以選擇沉默」爲題，對此一人事異動事件作出詳盡的報導與說明。

2當然，這個分類或有化約，兩大陣營也許不見得如此地壁壘分明，但透過檢視其間的論述，我們已可看到許多意見對立的端倪。此外，尚需說明的是，本書據以區分二者的特徵與說法，絕不是雙方發展的全貌。

3對於婦運中產階級性格的批評可參見《騷動》1997年6月，頁3。本期《騷動》以「社經位置：知識、族群、上下、差異」爲專題，討論「女人」之間的差異，其中對婦運中產性格的檢討頗多描述，可以下一段文字爲例。此段文字乃摘錄並改寫自一位高雄婦運者的筆記，原文如下：「中產階級婦女把自己塑造成『善意的老虎』，對於中下階層女性如何改善社經處境與社會網絡，一方面不進行實質討論（只爲顧及『政治正確』呼籲與其他弱勢社運結盟），一方面宣稱，女人在父權統治下擁有的是『共同的處境』與『必然的姊妹盟約』。婦女壓迫的多重性與複雜性，被中產階級的婦運論述去脈絡化、簡化，她們所去掉的東西，就是階級關係，其所形塑的，是無法結盟的『婦運自閉症』。」

4 本書以「英語世界女性主義」泛指以英語爲寫作語言的女性主義論著。本書著重於探究這些英語文獻的發展，因此，法語、德語，以及其他語言的女性主義論著並不在主要討論之列。

5 本書從「女人」作爲範疇的問題開始，思考女性主義者如何在政治上宣稱「女人」。在本書的討論中，作爲政治範疇乃是從作爲範疇的界定開始，所以「女人」範疇是「女人」成爲政治範疇的基礎。換言之，女性主義者可依「女人」作爲範疇的概念，據此發展「女人」成爲一種政治範疇，也就是可以在政治上被宣稱、可以在政治上被看成是一個群體、可以成爲具有政治行動能力的範疇，同時，這個範疇也與女性主義對於政治的主張相互關聯。因此，本書從「女人」作爲範疇的論證開始，討論女性主義者如何詮釋「女人」爲政治範疇，並據此說明女性主義關於理想政治的主張。

6 例如，Rosemarie Tong將女性主義區分成自由主義女性主義、馬克思主義女性主義、基進女性主義、精神分析女性主義、社會主義女性主義、存在主義女性主義與後現代女性主義等流派。請參見Tong著，《女性主義思潮》。

7 Iris Marion Young曾援引Nancy Fraser所提的「政治化社會領域」（politicize the social）概念，描述近二十年來政治理論的發展，認爲其恰當解釋了大部分當代公民積極參與公共生活的現象（Young, 1996: 480）。

8 由於學界目前對英語世界女性主義這段時期的發展並未有一共同接受的詞彙〔儘管有些學者，如Judith Butler採用「後女性主義」（postfeminism）的稱呼，但其並未完全爲學界所接受〕，本書以「九○年代英語世界女性主義」稱呼那些不再僅將焦點置於性別，而是重視多重交錯的差異，並質疑「女人」範疇穩定不變的女性主義論述。本書之所以不以某一核心概念稱呼這些女性主義，而籠統以時間名之，乃是因爲這些女性主義的主張太過多樣，且也正由於繁複多樣，又反對「女人」一詞的僵固性，這些女性主義並不認爲必須找尋一共同名稱以解釋目前的多樣，因爲共同名稱的出現很可能造成限制女性主義發展的結果。儘管如此，我們仍然可以將她們籠統以時間概括之，因爲即使這些女性主義者的主張並非雷同，但如同Nancy Fraser所言，一九九○年代之後，大部分的英語世界女性主義者均開始注意到「女人」範疇僵固所可能帶來的問題（Fraser, 1997: 175）。當然，以年代命名並不意味著一九九○年代以前的英語世界女性主義者未曾注意到「女人」範疇的僵固，更不意味著一九九○年代英語世界女性主義內部毫無雜音，事實上，這些女性主義者的主張相當繁複多樣，她們對於是否及如何保留「女人」一詞均看法分歧，其爭論已延至二十一世紀。基於這些原因，本書暫時以「九○年代英語世界女性主義」稱呼這些對「女人」做出反省的英語世界女性主義論述。

第二章

「我們」是「女人」：平等vs.差異之辯

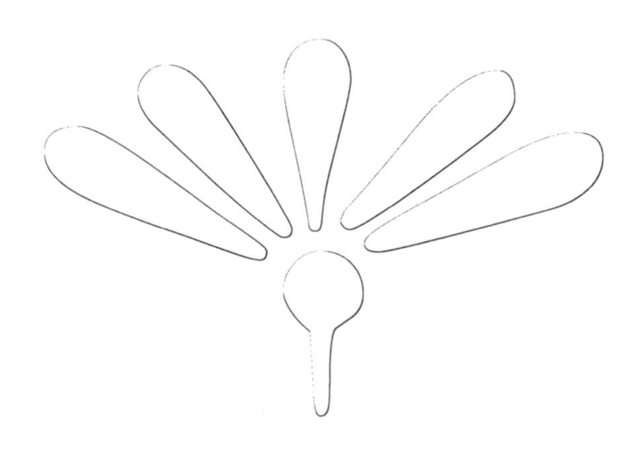

當人們聽到女性主義時，第一個反應總認爲，女性主義就是要宣稱：「只要是男人可以做的事情，我們女人一樣也可以做」，所以一般人多認爲女性主義自然必須致力於泯除性別差異。泯除性別差異的訴求使得女性主義不但在運動目標上強調必須達到與男人平起平坐的地位，更在實然層次裡著重男女的相同性，也就是「男人女人都是人」。然而，如果男人女人都是人，爲什麼女人目前卻處於不利的地位？那些使得女人受挫的原因是不是正好某種程度地顯示了男女的不同？如果男女眞是不同的，她們是基於什麼原因而成爲不同？這種不同要不要保持下去？換言之，泯除性別差異是不是婦女運動的唯一目標？如果要保持不同，該用什麼方法？

這些問題明白顯示了在當代，泯除性別差異絕不是女性運動的全貌，將女性主義定位成僅爲爭取兩性平權的運動已不再適當了。儘管「平等權利修正案」、「兩性工作平等法」在許多社會裡仍然是婦女運動核心的努力方向，以正面積極態度肯定「我們是女人」的聲音卻從未消減。強調我們是女人而非男人的女性主義者歷歷指證男性與女性實際上就是不同的，質疑那些強調男女相同的理論忽視實然差異；另一方面，強調男女相同的女性主義者也提出許多實際例證，反批強調差異將使女性的不利地位永遠無法改變。這就是英語世界女性主義著名的「平等vs.差異」之辯（the debate of equality vs. difference），持前項立場者被稱爲差異女性主義者（difference feminists），後者則爲平等女性主義者（equality feminists）。一般而言，平等女性主義盛行於一九六〇至一九七〇年代的英語女性主義界，差異女性主義則登場於一九七〇年代晚期之後（Fraser, 1997: 175）。

平等vs.差異的紛爭使得「差異」（difference）問題浮上檯面，也讓我們看到了何謂「女人」的端倪。透過批評平等女性主義，差異女性主義不再強調「男女都是人」，而是「女人不同於男人」。也正由於爲了證明女性的差異性，差異女性主義試圖尋求「女人」作爲不同範疇的基礎，展開了一個與平等女性主義相當不同的政治觀。一切根源得從「平等vs.差異」的爭論談起，本章即以此角度，說明差異女性主義如何透過批評平等女性主義，尋求「女人」作爲範疇的回答。同時，本章亦將釐清差異女性主義與平等女性主義相異的理想政治觀，藉以說明「女人」作爲範疇的回答究竟與女性主義的政治觀存在著什麼樣的關聯。

第一節　「我們」都是「人」：平等女性主義

早在十八世紀，西方女性主義先鋒Mary Wollstonecraft

的《女權辯》（*A Vindication of the Rights of Woman*）一書寫成之際，教育問題便已經成爲女性主義的討論重心，她們將教育問題當作男女不平等的源頭，從而拒絕了所謂女人天生就不如男人的說法。因此，「女人與男人擁有同等理性能力」一直是西方女性主義的主流想法。她們認爲，目前婦女成就較少的原因絕非女性的能力不及於男性，而是導因於女性沒有獲得良好的教育條件。她們傾向於淡化生理差別的意義，認爲生理事實與成就表現根本毫不相干（Jaggar, 1990: 241）。這個想法爲一九六〇年代的英語世界主流女性主義所分享，既然生理特徵與成就高低絕無關係，當然不能成爲任何不平對待的正當理由。這些女性主義者認爲，當前社會對女性的不平對待扭曲了女性的自我發展，造成女性次等化的地位，因此當務之急就是去除這些不平的對待。

這就是平等女性主義的核心想法。儘管女性現況可以各種不同的詞彙來解釋[1]，但她們認爲最恰當的描述乃是「不平等」（inequality）。不平等標示著拒絕給予女性目前男人已有的權利，例如，男人可以投票而女人不能；男人可以擁有較高薪資，女人卻被限制在薪資低的工作。爲了矯正不平等，平等女性主義主張女性具有「充分的相似性」（adequate similarity），在相同成就的概念下提倡兩性平等，否認性別差異可以合理化任何歧視的行爲（Evans, 1995: 13）。她們力圖證明，除了生理上的差異之外，性別差異其實是社會化過程的產物，不但透過家庭與學校力量的形塑，大衆媒體、醫學專家也摻上一腳，共同創造出我們目前所熟知的兩性差異。因此，兩性差異的基礎不在於生理，而是社會扭曲的結果。

在平等女性主義的信念中，我們應該和你們一樣平等，是因爲我們事實上是一樣的，所以平等的證成來源在於相同（sameness）。我們具有相同的能力，只不過這些能力目前都被刻板印象給掩蓋起來了，它們本是我們的潛能，只是現在的教育與社會不但把它們從我們的身上排除，更因此把我們當作第二等的性別。平等女性主義認爲，只要刻板印象與障礙能夠被改變，男人與女人最終可以變爲相同。因此，平等女性主義者強調應當降低並縮小差異所造成的影響，認爲任何差異都和女人是否可以達到與男人同等地位無關。她們致力於說明兩性不同的實例根本少之又少，兩性無論是在行爲層面或心理層面都沒有什麼相異之處，有的話也是社會化的結果，絕非天生就帶來的（Evans, 1995: 14）。

在平等女性主義看來，性別差異是男性宰制的產物，性別不平等的起因是社會對於兩性的不同對待，將女性定位成非理性的、情緒化的、易怒的、僅適合從事家務勞動而非智識活動[2]。平等女性主義認爲，保留性別差異將會傷害女性，社會中種種關於男女差異的說法正好提供了合理化女性從屬地位的基礎，性別差異因而可說是性別歧視（sexism）的產物。女性主義者若是繼續強調性別差異，將可能使女性持續被限制在家務勞動之內，排除女性於政治領域、就業場所之外，使得女性永遠無法與男性平等地分享社會所得，無法接受平等的教育，甚至無法掌握自己的身體，無法參與任何能夠增進人類自我實現（self realization）的活動，從而喪失了自主的機會。因此，平等女性主義首重檢討社會教育，揭露其不公平之層面，主張若欲消除男女不平等，則需首先去除兩性差異的刻板印象。

所謂平等，意味著有一個可資衡量的共同標準，換句話說，平等隱含著「可共量性」（commensurability），因爲只有在可共量性的概念下，我們才能對事物進行比較（Thornton, 1986: 77）。因此，平等女性主義認爲，性別平等必須是以相同的標準來要求男女。所謂「先做人，再做男人或女人」（呂秀蓮，1974：127），必須把男女都放到一個「人」的標準下來衡量。我們可以將兩性平等的論證表述如下（Thornton, 1986: 78）：

1.女人與男人具有相同的「天性」（nature）……公理。

2.所以，如果女人可以獲得與男人相同的對待……計畫。

3.結果將是女人與男人具有平等的表現……目標。

天性係指人類所擁有的能力或潛能，當然，人類的天性各有不同，這並不是說某一個別女人的天性與另一個別男人的天性相同，而是女人作爲一個群體，與男人作爲一個群體的天性是相同的。這是平等女性主義所認爲的公理，也是論證的基礎與預設。既然天性相同，如果男女沒有平等的表現，就表示她們沒有受到平等的對待。正如柏拉圖所認爲，只要給予女人從事目前屬於男人的工作機會，女人可以和男人做得一樣好。

因此，平等女性主義有關兩性平等的訴求不但及於女性必須擁有與男性同等的自由與權利，更由於她們預期兩性將有同等的成就與表現，所以自然不能假設男女的天性不同，更不能認爲性別差異可能影響一個人的身心發展（Thornton, 1986: 95）。她們將女性目前不利的處境歸因於無法享有同等權利，那麼，爲什麼女性無法享有同等權利？如何才能使女性享有同等權利？透過研究第二次世界大戰之後美國婦女的實際生活，Betty Friedan 提供了我們一個相當細緻的回答。

Friedan於一九六三年出版的《女性迷思》（*The Feminine Mystique*）一書是美國婦女運動的重要經典[3]，它不但揭露了傳統女性角色的迷思，也啓動了美國第二波的婦女運動。Friedan分析，自第二次世界大戰以後，爲了讓許多已被女性霸占的工作崗位空出來，美國社會重新興起一股號召女性回歸家庭、扮演賢妻良母、發揮女性特質（femininity）的呼聲。美國女人不斷被一種信仰所操縱，以爲自己的所有成就只能及於家務勞動，其他關於教育與獨立自主的理想都被這個信仰無孔不入地掩蓋。Friedan將此信仰名之爲「女性迷思」（feminist mystique）（Friedan, 1983: 11）。女性迷思不但被報章雜誌與廣告工業大肆宣揚，更受到某些僞科學的支持[4]。女性迷思教導女人：「女人最重要的價値乃在於實現屬於女人的陰性特質，這是女人的所有義務。」

雖然女性迷思規範了女人的所有生活，然而，生活在這種迷思之下，那些看似幸福快樂的美國婦女，卻總是日復一日被一種不滿足的感覺所籠罩。Friedan指出，身爲女性，我們常常感到，我們現實生活中的眞實與那些我們汲汲欲迎合的意象之間，總是存在著難以縫合的分歧。這些分歧導致我們無法肯定自己，覺得內疚，心有所愧。女性不但總是無法快樂起來，更常常悲觀度日、不知所措，甚或產生徹底的絕望。然而，這種絕望卻又無以名之，因爲女性迷思並不承認它的存在，反而僅僅將這些不快樂解釋成是女人無法「適應」並扮演好自己的性別角色（Friedan, 1983: 15）。

這個「無名的問題」（the problem with no name）深切地困擾著所有女人，女性迷思卻仍教導女人必須完全以丈夫的生活爲重心，使女性全然奉獻於家庭而忽視了自我的表達。因此，女性迷思是所有不平等的源頭。整個社會之所以貶低女性，使女性接受偏差教育，排除女性於同等權利之外，乃是因爲整個社會籠罩在女性迷思之下，所有的不平對待都在女性迷思裡獲得了正當性。既然女性迷思支撐了所有關於女性的歧視，破除女性迷思就成爲平等女性主義的首要目標。

如何破除女性迷思？Friedan認爲，女性應被容許可以向家庭主婦的形象大聲說不，並於家庭之外尋求自由與發展。給予女性公平的教育成爲關鍵，因爲教育可以擴大女性的視野，幫助女性走出家庭，不再全然受限於私領域。除了教育以外，「出外工作」更是重要條件，女性必須走出家庭，與男性一樣外出工作才能尋得自我發展，達到與男性平等的地位（Friedan, 1983: 359-378）。

爲了促使女性與男性完全平等，Friedan亦強調必須檢討當前的法律制度，因爲法律必須對男女一視同仁，政治權利亦不應隨著性別而有差別（Bryson, 1992: 159）。一九六六年，全美婦女組織（National Organization of Women, NOW）成立，Friedan兼爲其創辦人與第一任主席。全美婦女組織集結平等女性主義的力量，明確宣稱其創立目標如下：

> 採取行動，即刻（now）就將女性完全帶進主流美國社會，使女性可以行使所有的特權與責任，與男性達到眞正的平等合夥關係[5]。

她們反覆指出，平等若僅限於男性，就不是一個普遍原則。因此，必須將女性包納進平等原則，給予女性相同的法律與政治權利。

平等女性主義認爲，女性與男性一樣，都是擁有理性（reason）的個人（individual），可以自由選擇她們的生活角色，完整發揮自己的潛能，與男性進行平等的競爭。換言之，平等女性主義企圖建立一種個人式的平等，平等必須與性別無關，所有阻礙女性與男性平等競爭的障礙也都應該排除。她們企求的是權利與機會的平等，亦即程序的平等，正如NOW這個縮寫的另外一個可能的意涵就是「給予女性新的機會」（New Opportunities for Women）（Andermahr, Lovell, & Wolkowitz, 1997: 79）。給予女性新的機會，使得女性可以平等地同男性競爭，女性將達到與男性一樣的成就。

使男女達到程序平等，基本上是自由主義的想法，所以平等女性主義分享了自由主義的預設，在這層意義上又可以被稱爲自由主義女性主義。儘管她們批判現狀，平等女性主義所提出的解決方案並不企圖完全推翻現有體系，而是僅限於改革（Evans, 1995: 34），甚至也可以說是希望女性能夠加入現有的體系，將男性已享有的自由平等原則擴大至女性身上。她們意欲藉由平等機制的建立，家務勞動不用占去女性太多的時間，女性可以透過職業與教育，掌握自己個人的命運，與男性一樣享有個人式的自由。

這個男女同享個人自由的未來是什麼圖像呢？平等女性主義認爲，在破除女性迷思，給予女性同等的政治與法律權利之後，兩性平等的未來可以是一種無關性別的未來。如前所言，爲了達到平等，爲了跳脫關於性別的刻板想像，平等女性主義所強調的是成爲一個「人」，而不是「女人」。她們認爲，只要社會能夠普遍支持「男女都是人」，就可以確保無人會因自我性別而受到歧視。因此，她們致力於尋求沒有性別的未來，如同Susan Moller Okin所言：

一個充滿正義的未來是沒有性別的，在這樣的社會

> 結構與實踐裡，一個人的性別特徵和正義之間的關係，與他眼睛的顏色或者腳指頭的長度和正義之間的關係根本就差不到哪裡去（Okin, 1989: 171）。

正義的未來是無關性別的，既然無關性別，那麼以「性別」作為歧視他人的理由自然不復存在了。因此，自由主義女性主義的目標是為「所有人」謀求自由與平等，讓所有人都能充分展現出全方位的男性與女性特質。在她們看來，抱持性別刻板印象對兩性一樣有害，必須將兩性從這個牢籠中解放出來，使得男女可以自由選擇自我的規劃，無須顧慮社會的成見與習俗。同時，男性應被允許發掘其「陰性」層面，女性則可開展「陽性」空間（Tong, 1996: 6, 48-9），「女人」這個範疇最終並不重要，「我們都是人」才是最終的理想。

第二節　「我們」是「女人」：差異女性主義

儘管平等女性主義者堅持「我們都是人」應是女性主義的最終理想，許多女性主義者卻另有高見。六〇年代後期至七〇年代早期，英語世界女性主義界分裂成爭取平權與基進未來的兩條路線，一方強調「改革」（reform），另一方則有

「革命」（revolution）色彩。強調改革的女性主義者將目標鎖定爲女性爭取那些主流社會已經給予男人的相同機會與特權，具革命色彩的女性主義者則藉由主張女人擁有特殊價值以抵抗主流社會的詆毀。雖然這兩種立場不應當是相互排他的，卻有一股很強的傾向使得它們成爲只能二擇一的選項：我們想要和男人一樣，抑或不願（Young, 1990b: 85）。這就是Ally Alexander所稱「推進平等與維護差異」之間的分歧（Alexander, 1987: 162）。平等女性主義已於上節討論，本節將專注討論差異女性主義，至於其對理想政治的規劃則留待下節分析。

差異女性主義對平等女性主義的首要質疑在於，假若女性被允許可做男人之事，這就表示臣屬關係已經終止了嗎？她們指出，由於男性的活動已經成爲整個社會的標準，所謂兩性平等的參考點根本就是女性必須學會符合男性的標準，因而這個兩性平等只是一種假象。所以，差異女性主義並不認同解放的計畫必須是與男人一樣有相同的表現之信念，相反地，她們認爲平等並不一定需要等同，爲了實踐性別正義，反而不能忽視性別差異，女性主義應當致力於在差異中尋求平等[6]（equality in difference）（Evans, 1995: 3）。

因此，關於平等女性主義的去除差異主張，差異女性主義者並不認同。她們認為，所謂「先做人」的「人」，其實指的是「男人」。平等女性主義不加批判地將偏頗的男性觀點當作人類活動的唯一準據，是人類活動的眞正價値，女性必須起而效法之。然而，透過彰顯男性價値，平等女性主義貶低了女性價値，等於重新強化了性別歧視，否定了女人[7]。差異女性主義反對以相同標準來要求男女，認為應傾聽女性的聲音，尊重兩種不同的聲音表現。換言之，必須承認性別差異的眞實性，重新估量屬於女性的價値而非貶抑之。差異女性主義將性別差異賦予一正面且積極的意義，女性確實與男性不同，但差異僅指不同，絕非意味著次等。

對差異女性主義而言，性別差異乃是人類最根本的差異，然而如上節所述，平等女性主義不但希冀消除差異，更力圖證明兩性差異的實例根本少之又少，二者在此又見歧異。面對平等女性主義的挑戰，差異女性主義勢當必須證明女性的特殊性，亦即，男女究竟有何不同？男女是基於什麼原因而成為不同的？差異從何而來？差異如何表現？本書認為，差異女性主義的回答可從二方面加以說明，她們首先解釋性別身分如何被定義，另一方面則具體指出性別特質的內涵。

一、「性」與「性別」之分

平等女性主義相信，男女天生具有相同的能力，差異只是後天的建構。因此，她們對於差異從何而來的回答是，兩性差異的基礎不在於生理，而是社會扭曲的結果，女性主義應當致力消除這些性別歧視的差異。差異女性主義不持此見，對差異女性主義而言，儘管她們同意社會對女性形象的扭曲不容小覷，卻提出許多解釋說明性別差異乃是人類最根本的差異。她們對「先天」與「後天」進行更爲細緻化的理論分析，探討性別身分是如何被界定出來的，並據此釐清性別歧視的源由。

差異女性主義認爲，兩性差異分屬於兩個層次，亦即先天生理的「性」(sex)與後天社會文化的「性別」(gender)。關於性與性別的區分，女性主義的說明如下：

> 決定「性」必須估量以下的身體狀況：染色體、外生殖器、內生殖器、生殖腺、荷爾蒙狀態，以及次要的性特徵。……因此，一個人的「性」是由這些特質的總和所決定的。很明顯地，大部分的人落在鐘型弧線的兩端，一邊是「男性」(male)，另一邊

是「女性」（female）。……「性別」則是一具有心理與文化而非生理意涵的字。如果「男性」與「女性」對「性」而言是適當的字，對「性別」而言，對應的字就是「陽性」（masculine）與「陰性」（feminine）（Oakley, 1985: 158-159）。

這段文字清楚地表明，男女在「性」以及「性別」層次裡都是不同的。差異女性主義者指出，女性具有下列二項無分文化的普遍性特質：第一，生物性能力（biological capacity）：可懷孕的事實；第二，母職（mothering）：擔負照顧下一代的職責。這兩項差異分別屬於生物性差異（sexuality）與照顧角色的差異（parenting），因此，男性與女性不但在後天社會化過程中擔任不同的角色，先天的生理能力亦不相同。生物性差異與照顧角色的差異引發了權力享有的差異，造成男女之間的不平等，可以作爲理解男女不平等的關鍵（Ferguson, 1997: 38）。

對她們而言，性別歧視之所以無所不在，是因爲當前社會將男女先天的「性」與後天的「性別」完全等同。這種現象可以父權體制（patriarchy）名之。她們認爲，女性受壓迫的源頭深深植根於父權體制，顯現在勞動分工、公私領域等日常生活的各個層面。父權在生物性的基礎上建構兩性的社會性別，以「性」作爲人類一切活動區分的唯一準據，再輔以「性別」的建構而使其優勢得以存續，性與性別可謂相互呼應。

性與性別相互呼應的結果是，父權體制以生理特徵界定女人。生理特徵是男女勞動分工的基準，女性因而被當作是一專是生產、撫育下一代的次等性別，終其一生僅爲家庭而奮鬥（陳美華，1995：17-19）。不僅如此，父權體制更是一種跨文化的現象，女性受壓迫存在於所有的社會當中，是最根本、最基礎、最普遍的壓迫形式（Tong, 1996: 123）。因此，父權體制爲女性主義提供了一個性別歧視的根本緣由，解釋了社會爲何貶抑女人的差異。

儘管批判父權體制將「性」與「性別」合一，不滿父權體制關於性別角色的建構，差異女性主義並不認爲壓迫女性的來源在於生物性的生殖能力本身，而是應當在於社會將女人定位爲次等的「性別」。換言之，母職身分而非生物性差異，以及從母職身分所延伸出的社會分工角色才是女性受壓迫的源頭。所以，男女的不平等並非來自於「先天」，而是「後天」社會對於先天差異的不平等對待。對差異女性主義來說，女性主義的工作在於批判性別角色，檢討社會機制如何貶低了女性的先天差異，至於生物能力則被認爲隱含有善性與解放的可能[8]。如同Rosemarie Tong所指出，差異女性主義漸趨在論述中將女性生理當作是女性「善性」的根源，認爲「女人天生的善性」果眞存在（Tong, 1996: 217）。

據此，差異女性主義認爲，生物性與母職角色不但是理解父權宰制的關鍵，更應成爲女性主義發展未來理想規劃的根源。與平等女性主義不同的是，差異女性主義並不淡化生理差別的意義，反而力圖證明生理能力具有社會意涵。換言之，差異源自於生理，先天生理的因素影響了後天文化的差異，區分出男女各有不同的特質。她們界定出性別身分，認爲兩性在情感與文化特質方面都有相當的差異，那麼，這些差異如何表現？它們的內涵是什麼？它們可以提供我們什麼不同的觀點？

二、關懷倫理vs.正義倫理

探究男女各有什麼情感與文化特質其實十分容易，當前社會關於兩性的刻板印象可謂俯拾皆是。刻板印象假定了一個以性別特徵爲劃分標準的二元範疇，認爲女人比較重視直覺、富同情心、無私、寬容與優柔寡斷，男性則比較深思熟慮、重視評斷能力，也較具理性（Brabeck, 1993: 33）。這種關於兩性的刻板印象，被認為是從生理之中自然流露出來的，例如，照顧工作使女性獲致陰性特質，關懷的態度也直接起源於母親一女兒的關係。女性主義如何看待這些刻板印象？如果差異女性主義強調必須重視兩性的不同，這些對女性的詮釋是不是也為差異女性主義者所同意？

對差異女性主義而言，父權體制將女性定位成次等的性別，置男性特質於社會的標準，從而貶低了女性的經驗。她們認為，必須發展一種「女性中心」（gynocentric）的理論以取代當前主流的男性中心觀點。女性中心的理論核心在於重新肯定女性的價值。什麼是女性價值？差異女性主義在此保留了社會對於性別的傳統界定。某些傳統上被認為與女性相連的特質，例如，重視愛與慈悲、寬容、利他、愛好和平、和諧與分享等等所謂「合作」的價值觀，在女性中心理論裡獲得了相當的強調，因為它們不同於傳統的男性特質，亦即重視組織與層級、駕馭、控制、占有、強調功效、權力宰制等所謂「競爭」的價值觀。在差異女性主義的詮釋當中，合作價值觀之所以被貶低，乃是因為男性為了能夠統御女性，傾向於壓制女性的情感與價值，使女性產生一種虛假意識（false consciousness），認為那些與女性相連的特質不如與男性相連的特質。女性主義的工作即在藉由肯定女性價值，以去除這種虛假意識。

破除虛假意識，彰顯女性價值的重要性在於，女性價值不同於男性，不應以男性眼光評斷之。Carol Gilligan的《在一個不同的聲音裡》（*In a different Voice*）一書正是此種信念的大放異彩，提供我們理解兩性價值觀的重要文獻。本書主要針對批判Lawrence Kohlberg的理論出發，重點並不在於對性別歧視的起源提出解釋，而是說明男女道德發展路徑有何不同（Gilligan, 1982）。Gilligan揭露Kohlberg道德發展理論的性別盲點，她指出，以男性經驗爲標準評價女性的道德發展是不正當的，Kohlberg正好就犯了這個毛病，把男性價值當作所有人類的價值。事實證明，女性的道德觀（women's morality）不同於男性，她們的道德發展是一種不同的聲音（a different voice）。

叔本華（Schopenhauer）曾言：「女性說理能力的低落解釋了她們爲何總是對不幸之事付出比男人更多的同情。」[9]後半句與Gilligan的詮釋不謀而合。Gilligan認爲，女性的道德語句總是以關懷而非正義的形式表達出來，這些道德語句產生自特定的道德處境，而非與抽象的原則相關。關懷並同情他人及自我的需求、避免衝突造成任何傷害、保持和諧、喜好維持關係，這些均是女性道德觀的特色（Brabeck, 1993:

33-5）。

女性道德觀可被歸納爲關懷倫理（an ethic of care），相異於男性道德觀的正義倫理（an ethic of justice）。何謂關懷倫理？Gilligan的說明如下：

> 道德問題發生於相互衝突的責任，而非相互競爭的權利；解決道德問題需要脈絡性、敘述性的思考方式，而非形式、抽象的思考方式。這種道德概念與關懷行動息息相關，並且將道德發展的核心置於對責任與關係的理解，如同重視公平正義的道德概念將道德發展同對權利與規則的理解聯繫起來一樣（1982: 19）。

這段引文顯示了關懷倫理具有三大基本特徵。第一，關懷倫理首重責任與關係的道德概念，而非以權利與規則爲中心；第二，此種道德觀與具體的情境息息相關，並非形式與抽象的概念；第三，此種道德觀的表達形式並非一組原則，而是關懷的實際行動（Tronto, 1993: 242）。換言之，道德觀的產生立基於日常生活的經驗，與眞實生活裡的實際道德問題相連。具體言之，關懷倫理立基於非暴力的概念之上，認知到他人的需求，相反地，正義倫理立基於公平之上，要求個人必須尊重他人與己身相同的權利。關懷倫理必須經由察覺自我與他人之間的關連性才能獲致，正義倫理則是透過個體化，亦即自我與他人的分離過程來完成（Brabeck, 1993: 36）。

這種發自關懷與責任的聲音，必然與他人有所聯繫，Gilligan認爲它起源於一種不同於正義倫理的自我概念（self），即本質上與他人相關連的自我。也就是說，兩種不同的道德觀各自隱含著不同的自我觀，一種認爲自我是與他人分離的（separated），因而是客觀的（objective）；另一種則認爲自我與他人相互聯繫（connected）且不可分離。Gilligan不僅在經驗研究裡證明了男性與女性傾向於採取不同的道德倫理，更進一步援引Nancy Chodorow的心理分析模型以解釋男女的不同。對Chodorow來說，男女自我觀的不同乃起因於幼時與母親之間的關係。由於女孩與男孩均由母親所養育，在女孩與男孩開始建立性別認同時，女孩的性別認同是透過和同性照顧者之間的連結而建立，男孩的性別認同則透過與母親之間分離來形成，所以女性的自我觀是透過與他人之間的關係以界定，女孩會產生一種關連性的自我，男性則會產生一種分離性的自我（Chodorow, 1978）。換言之，對Gilligan而言，在自我／他人（self/other）的關係裡，男性經常採取「分離／客觀」的認知，女性則以關連性自我觀對待之（Tronto, 1993: 242-3），所以正義與關懷之間的差別可說具有相當的性別色彩。

因此，對關懷的專注是一種女性的現象，許多經驗研究與心理分析理論都證明了關懷他人是陰性特質的組成部分。Gilligan曾言，關懷倫理本質上是一種女性的特徵，道德觀的不同應當是一種性別差異的現象（Gilligan, 1993）。關懷倫理觀主宰了女性的道德思考，其特性是回應他人，內容則是提供照顧、避免傷害，以及維持關係，而普遍、抽象與非感情式的思考模式則主宰了男性的道德決策與道德發展。許多學者指出，透過強調相異行為的生物性基礎，Gilligan引導她的讀者獲致下一結論：女性與關懷特質之間的親近關係，不但屬於生理層面的自然，也是一件良善的事（Kerber, 1993）。換言之，女性的道德觀是一種較高的道德傾向，不但不應被男性價值所抹滅，更應大力推行以補正義倫理之不足。

讓我們仔細檢視兩種倫理觀所可能產生的影響。對Gilligan來說，由於關懷倫理／正義倫理與關連性自我／分離性自我息息相關，這兩種倫理觀可以說是一種性別差異的現象，因而也不可避免地遵循著生理的性爲區分。既然這些性別特質的建構遵循著性的二分，那麼，關懷倫理以及正義倫理等等特質就被「分別地」放置在女性與男性的生理差異之中。採行這一說法隱含著下一結果：大多數的男人「天生」傾向於一個樣子，而大多數的女人「天生」又會是另一個樣子（Tong, 1996: 219）。據此，我們發現，無論是頌揚女人的特殊性，包括陰性文化、實踐與慾望，或是Gilligan所提倡的關懷倫理，都顯示了差異女性主義雖然絕對無意保留那些次等化女性的生物性現狀，反對以生物性爲基礎，對女性進行任何負面的評價，卻逐漸在論述中將女性的生物性質，尤其是生殖能力，以及女性的社會角色，尤其是母親身分，當作是女性特質、女性情感乃至於女性價值的來源。

現在，什麼是「女人」在這裡找到了答案。所謂「女人」，即是指那些具有共同的生理事實，共同的母親角色，並且擁有關懷倫理、寬容與合作特質的一群人。不僅如此，差異女性主義也認爲，所有女性均分享著一種共同的「做爲女人的性別認同」（gender identity as women），當女性身分遭受貶抑時，她們便承受了共同的傷害，她們之間可說具有著共同的「姊妹情誼」（sisterhood），女性主義只要肯認此一差異，就可以動員隱藏在女性身分之內的團結（Fraser, 1997: 176-7）。由於強調女性特質的同一，差異女性主義不但回答了何謂「女人」的問題，「女人」更可以據此宣稱自己是政治論述上的一個範疇，不但以「女人」之名進行政治動員與社會抗爭，更可宣稱自己的特殊性，建立女性中心的政治理論，強調女性特質優先於男性特質，「女人」自然成爲一個不同於「男人」的政治範疇。換言之，「女人」在共同生理事實、共同母親角色，以及共同情感特質、共同道德倫理的基礎上，宣稱自己是一個政治範疇（women as a political category），宣稱「我們是女人」。

第三節　差異女性主義的政治觀

「女人」既是一個不同於「男人」的範疇，女性特質又優於男性特質，差異女性主義在面對政治參與的問題時，同樣以「女性中心」的觀點檢討當前政治生活的組成原則。對差異女性主義而言，這些具備陰性特質的女性在進入政治生活時處處爲當前社會所貶抑，可見目前的政治領域對女性相當地排斥。女性主義者苦思改變之法，發現當前政治領域的組成原則含有嚴重的父權體制色彩，尤其是關於公私領域的劃分。公私領域的劃分不但使得「女性議題」被排除於政治討論之外，更使得政治領域從未採納私領域所重視的道德與價值。因此，她們主張從公私區分的檢討出發，思考私領域的特質是否可以成為公領域的指導原則，從而建立「女性中心」的政治觀。

一、打破公／私二元劃分：私人即政治

誠如上節所言，差異女性主義並不贊同平等女性主義以「爭取法律與政治權利」為運動核心的主張，對她們來說，平等女性主義致力於在現存法律與政治制度的架構下尋求歧視的終結，達到生活各個層面裡完全的機會平等，然而，自由民主制度可能隱含的結構性偏差則不被討論。差異女性主義認為，自由主義的平等觀基本上必然與法律相關：我們都是公民，無論我們處於什麼地位。然而，上述觀點隱含著差異不再重要，此一平等概念的來源其實抽離了實存的權力關係（Phillips, 1987: 7）。這個實存的權力關係顯現於當前自由民主政治的組成原則，其內涵是公／私領域的二元劃分。[10]

在差異女性主義的詮釋裡，自由主義關於政治的概念是一種男性的觀點，女性的關懷與此一架構並不相容。自由主義主張公領域與私領域各由不同的原則所統治，此一概念的理論基礎來自於洛克（John Locke）《政府論次講》（*Second Treatise*）一書[11]。藉由批評Sir Robert Filmer將政治權力類比於父親對於兒女、丈夫對於妻子的權力，洛克認為政治權力

應與家庭之內的權力有所區分（Locke, 1980: 2）。對女性主義者而言，洛克所主張的這個區分就是公私區分，正好符合性別區分，認定私領域裡的不平等與公領域無關，將丈夫對妻子的權力劃分至非政治（non-political）範疇。由於婦女始終處於家庭之內的從屬地位，公私領域的區分與對立實掩蓋了女性對於男性的從屬（Pateman, 1989: 120-121）。

因此，差異女性主義批判平等女性主義接受公／私領域的二元劃分，她們指出，即使女性獲得普遍人權，男性對待家中的婦女仍如同對待財產一般。所以，平等的個人權利尚不足以實現性別正義，私領域必須被視為政治問題，換言之，公私區分必須接受挑戰，女性主義必須重構公領域與私領域的關係。

公私之間的關係該如何重構？女性主義認為，公領域與私領域的關係其實相當複雜，它們糾結在一起且又相互關連（inextricably interrelated），可以「私人即政治」（the personal is the political）名之。「私人即政治」的內涵有三（Pateman, 1989: 130-135）：

1. 「私人即政治」意味著以往被當作是私生活的、不需談論的事件可以成為公開討論的議題。女性主義指出，性別是權力運作的一支，女性的親密經驗顯露了她們遭逢不平等的處境，這些隱私的、個人的、親密的日常生活，處處充滿了權力宰制，我們無法充耳不聞，必須尋求良方以改變之。

2. 被劃分出來的私領域與公領域之間的影響力是雙向的。女性主義指出，家庭範疇爲政治所規約，私人境況由公共因素所組成，例如，關於強暴與墮胎的法律，以及幼兒照顧的政策……等，在在影響了婦女的家庭生活，所以女性在家庭之內的從屬地位可說受到國家權力的認可與保持。反過來說，家庭之內的分工也常是造成男女職場不平等的原因，特別是當女性被等同於家長的私人財產，她們的公共地位旋即遭受損害。因此，公私之間相互影響，公共決定認可並創造了私領域的不平等，私人行動也常是公共領域不平等的起因。
3. 私人問題只有政治行動與政治手段方可解決。女性主義強調，那些被認爲是個人的、家庭的事件其實都是結構性的問題，各項私人活動均有公共意涵，只有在整體結構獲得改變之際，女性的生活才可能改善。

所謂整體結構的改變，意味著不但應將「女性議題」納入政治討論之內，更應對當前制度進行全盤反思。女性主義認爲，由於僵固公私領域的劃分，當前政治制度從未採納所謂私領域所重視的道德與價值，彷彿二者只能依循不同的原則。藉由打破公私的二元對立，女性主義重新思考當前政治制度是否應有任何改變，她們將女性主義的內涵應用至政治理論，考量政治領域是否可以展現女性的利益與聲音，試圖將被界定爲私領域的特質加入公領域之內。

二、母性思考：女性特質成為政治領域的指導原則

既然公私二元劃分必須被打破，差異女性主義進一步指出此二領域不應由截然不同的原則所統治。她們援引女性共同的情感經驗與道德倫理，認爲這些特質雖然起源自私領域，卻不應侷限於此，而應擴大成爲政治領域的指導原則。換言之，差異女性主義認爲應以女性特質化解父權體制，將女性特質放進政治領域，使政治社群採納女性價值，建立以女性爲中心的政治理論。

建立女性中心的政治理論首先必須對抗並揚棄自由主義的觀點。Carol Pateman指出，只有女性擁有懷孕的能力，可以生養小孩並餵哺牠們，這個能力本身就是一種優越的特

質，標示出女性與男性的不同（Pateman, 1992: 18）。然而，生養小孩與母性特質卻也讓女性遠離了自由主義的政治參與。Pateman認為，雖然目前女性已被賦予公民資格，但整個公民權的表現與行使仍然依循著男性的價值與想像，使得女性在參與政治時，面臨「Wollstonecraft的困境」（Wollstonecraft's dilemma）。一方面，要求平等意味著必須接受自由主義式的公民觀，必須像個男人；另一方面，若想堅持女人擁有不同的特質、能力與行為，並認為它們有助於公民權的行使，這又是不可能的，因為這些差異為自由主義式公民概念所排除（Pateman, 1992: 20）。

這個困境起源於自由主義認為公私領域各有不同的運行原則，女性主義應當建立一種相異於自由主義的觀點。對於這個困境的解決，Sara Ruddick認為要點在於：在政治領域內加入男性所缺乏的特質，亦即賦予母性政治上的重要性。這就是「母性思考」（maternal thinking）的主張（Ruddick, 1983）。她指出，自由主義將生養小孩與母性特質對比於公共領域的公民權，拒絕母性的公共意涵，女性主義應當提高母性在政治領域中的地位。

「母性思考」以女人做為女人的經驗為基礎，也就是她們關於母職與照顧的經驗，這些經驗雖發生於私領域的家庭之內，卻應推行至政治領域。換句話說，母性不只是母親—小孩之間的關係，更指涉了女性價值在政治秩序裡的位置。「母性思考」主張政治應首重女性做爲母親的身分，強調私領域（家庭）的特質。由於家庭是構成人類人性的主要原因，是我們人性的共同基礎，家庭具有相當的道德優越性（Elshtain, 1983: 138）。家庭特質代表了一種不同於個人主義的概念，提供我們一個可資替代自由主義的新政治道德觀。

這種政治觀以女性做爲母親的經驗爲核心，展現了公民權行使的另一種模型。差異女性主義認爲，自由主義的公共領域是一種抽象的正義觀，關懷的對象是普遍抽象的個人，而「母性思考」的政治則是由愛、親密、對他人的具體關懷所引導。Ruddick 指出，母性思考起源自母親對孩童的保護與關懷，以關懷的愛（attentive love）爲中心，一旦母性思考被帶進政治領域，對孩童的關懷自然就成爲一項政治議題（Ruddick, 1983: 227），因爲這是一種由愛、照顧、對需求的肯認，以及友誼所引導的政治。

如何具體實踐母性思考的政治呢？著名女性主義者 Jean Bethke Elshtain 認爲，母性思考的具體內涵就是憐憫的政治（a politics of compassion）。Elshtain 以一段史實說明憐憫的政治究竟應如何呈現。在 Martin Luther King 被刺身亡之後，

Robert F. Kennedy曾經發表一段感言：「我可以感同身受這個不正義的行爲」。此一感言是對印第安那州（Indiana）的黑人社群所講，它的聽衆是那些很可能會對黑白差異抱持極端想法的人。Kennedy首先肯認聽衆的強大憤怒，表示從未輕忽他們的力量，但卻導引他的聽衆「超越這個艱困時期」：「我們所需要的不是憎恨或暴力，而是愛、智慧、與同情憐憫，對那些仍然在受苦的同胞表達正義之情，無論他們的膚色是白或黑」（Elshtain, 1981: 350）。

因此，憐憫的政治認爲，政治並不是競逐私利的場所，當政治領域出現利益或價值的衝突時，憐憫的政治不會要我們去痛責敵人，更不會向我們保證道德的絕對正確以使我們能夠和敵人作戰，而是要使得良善的信念得以發展，並且使我們知道，沒有任何善可以透過摧毀他人的方式而獲得。細言之，這個理想必須揚棄憤怒的情感，使所有的人成爲非暴力的公民，如同Martin Luther King所言，他從未認爲必須對他人怒言相向，因爲他希望能夠將這些人導引進自己所堅持的價值（Elshtain, 1981: 349）。換句話說，憤怒與恨或許容易，只需要惡言相向就可以，但政治衝突不應以此方式呈現，而應以憐憫的方式相互瞭解、相互說服，以愛與關懷替代競爭與對抗，以母性思考替代政治領域的舊有原則。

據此，差異女性主義以「母性思考的憐憫政治」建構其理想的政治觀。女性主義界對此一觀點的討論甚多，贊成與批評兼而有之[12]，本書則認爲，母性思考的主張忽視了「女人」作爲範疇的複雜性。誠如上節所言，差異女性主義傾向於將「女人」看成是具有共同生理事實、共同母親角色、共同情感特質，以及共同道德倫理的一個範疇，這個想法決定了她們思考關於理想政治該如何組成的問題。對她們而言，理想的政治應當加入女性特質，以母性思考爲指導原則。然而，既然政治領域旨在發揮這些特質，母性思考又強調母職經驗，難免會有將「女人」等同於「母親」的傾向，再次於政治理論內肯定了女性特質的同一。

在政治理論內肯定女性特質的同一隱含著一個相當重要的訊息，亦即，對她們而言，女性的生理事實與道德倫理都是先於政治過程而存在的特質，不是起源自天性，就是社會角色扮演的結果，女性主義的任務僅在於促使政治領域把這些「先於政治」存在的特質包含進來，政治過程可說與形塑「女人」成爲政治範疇毫無關係。換句話說，生育經驗、或母親角色、或照顧角色、或包容特質使得女人成爲「女人」，使得「女人」成爲一個政治範疇。「女人」是先於政治而被定義的，「女性特質」不是由政治過程所形塑出來的，證諸差異女性主義對於理想政治的規劃，差異女性主義可說以「非政治」的方式定義了「女人」作為政治範疇。

註釋

1 Anne Phillips指出，形容女性現狀的詞彙雖然很多，但各有不同的隱含，例如，「臣屬關係」（subordination）的形容重點就不在於不平等，而是著重於說明女性並非偶然地臣屬於男性，臣屬情境起源自男性掌握了權力（Phillips, 1987: 1）。

2 女性主義認爲，男性宰制下的男／女二元對立，呼應了心／身的二元對立。

3 《女性迷思》的初版年份爲一九六三年，之後不斷再版，本書的討論乃參考一九八三年的版本。

4 Friedan認爲，通俗的佛洛伊德理論與功能社會學二者特別助紂爲虐。

5 轉引自Bryson（1992），頁162。

6 Alison Jaggar曾經指出，Aristotle的名言代表了西方正義概念的核心：正義係指同類同等對待之，不同類不同等對待之，因此，忽視性別差異的男女平等根本不可能存在（Jaggar, 1990: 239）。

7 例如，Jean Bethke Elshtain批評，有些女性主義者經常忽視甚或否定女人眞實的母親經驗，認爲這是必須擺脱的身分與角色（Elshtain, 1981: 302-17）。

8 這個觀點與平等女性主義者的意見相當地不同。有些平等女性主義者，例如，Shulamith Firestone更進而主張，既然生物性事實與母職角色是理解男性宰制的關鍵，兩性的生理差異可說是父權體制的基礎，女性特有的生殖能力更是女性受壓迫的最終根源。爲了扭轉女性被次等化、卑屈化的現狀，Firestone認爲應以生殖科技的發展，去除女性的生殖角色（Firestone, 1970）。Firestone可以被歸類爲基進的平等女性主義者，差異女性主義並不同意此一觀點。

9 "The weakness of their reasoning faculty also explains why women show more sympathy for the unfortunate than men."

10 女性主義指出，公／私領域的二元劃分可以不同的方式呈現，例如，相應於文化（culture）與自然（nature）的區分，以及權力（power）與道德（morality）的對比（Pateman, 1989: 124-131）。

11 Carol Pateman曾經對古典社會契約理論進行研究，發現當這些理論陳述到兩性差異時，總是把男女的差異看成是自由（男性）與臣屬（女性）的差異。女性天生就不具備參與政治生活的特性，政治領域也依男性的形象來建構。女性的身體與能力代表了所有非政治之事，政治領域可說是透過排除女性才獲得意義（Pateman, 1988）。

12 一個相當重要的批評由Mary Dietz提出。Dietz認爲，母性思考的理論家並未在理論上將母性思考、母職實踐與民主價值加以連結。對Dietz而言，母性價值不能成爲政治價值，因爲母性價值是從特定且差別對待（special and distinctive）的活動中產生，它們是母親與小孩之間不平等關係的表達，是一種親密的、排他的、特別的活動。然而，公民概念要求的是一種集體的、含納的、普遍性的價值。民主的條件是人人平等，母親與小孩的關係不可能提供一個適當的公民資格模型（Dietz, 1985）。本書並未對此批評多做說明，主要原因在於這個批評並不是針對「女人」作爲範疇的問題而發。

第三章

「我們」不是「女人」：對普遍本質的否定

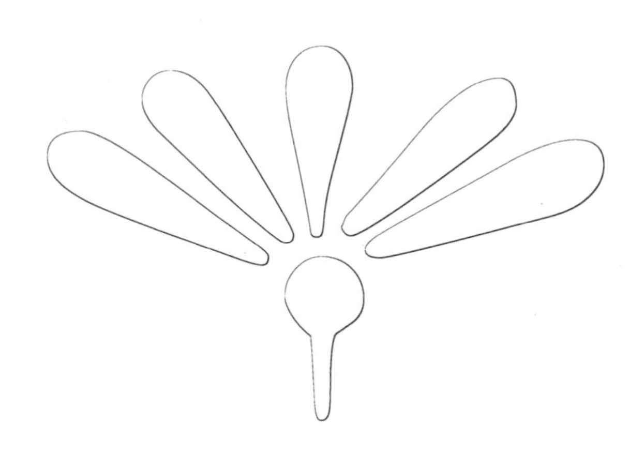

當「趕上男人」已不再是女性發展的唯一道路，差異女性主義成功地以共同生理事實、共同母親角色、共同情感特質，以及共同道德倫理將「女人」建構爲一個不同於「男人」的範疇。然而，對於女人的共同性，西方學界的批評由來已久，只是以不同的形式呈現而已。John Stuart Mill以來的自由主義女性主義者就認爲，將「女人」看成一個同類的群體是對那些特殊個人的不公平，因爲那些女人的興趣與能力可能與大多數的女人並不相同（Jaggar, 1990: 245）。至一九八〇年代，由於各項新興社會運動（new social movements）的蓬勃發展，英語世界女性主義更轉而以另一種形式全面地批判女人的共同性。

批評者認爲，既然差異女性主義認爲「女人」的內涵係以共同的生理事實爲基礎，再輔以共同的母親角色、共同的情感特質所決定，這個關於「女人」的定義便不可避免地經常是一個跨文化、跨階級、跨種族的答案。由於重視重估女性價值，強調建立所謂女性思考，差異女性主義等於將理論基礎建立在男性／女性的普遍化對立概念之上，宣稱世界上有兩種普遍的個人特質，預設了兩種基本型態的個人：做爲「男人」以及做爲「女人」（Mouffe, 1993: 81）。

普遍特質的預設使得「女人」作爲範疇的宣稱忽視了女

人之中的差異，把所有女人看作是相同的，隱藏著「同質化（homogenize）女人」的危險。不僅如此，在差異存在的情境中，這個同質化女人的內涵勢難避免將某一類女人當作所有「女人」的典範，以某一類女人來界定「女人」這個範疇，忽視女人之中存在著由於階級、地域、膚色、文化、種族等背景而產生的差異。這個抗議之聲主要發自於黑人女性主義者與第三世界女性主義者，她們指出，英語世界女性主義經常抱持「白人中心」、「西方中心」的思考習慣，是一種「帝國主義的女性主義」。透過檢視黑人女性與第三世界女性的實際生活，這些女性主義者不再將關注焦點全然置於與男人的關係，而是重視女人本身之內的關係。

在破除普遍特質之後，九〇年代的英語世界女性主義者已不再強調「我們是女人」，因爲實際上「我們是不同的女人」，並且，假若「女人」的定義係以西方白種中產階級女性爲準，「我們」根本也就不是「女人」。然而，儘管普遍主義（universalism）的訴求已不再可信，重視差異的論證卻仍然很有可能訴諸天性。一旦進入某種本質主義（essentialism）的推論，以生理爲基礎，再輔以生理特徵的普遍性（universality）與本質性（essentiality），仍能保證我們找到一個關於「女人」的固定內涵。九〇年代英語世界女性主義亦對此基礎加以檢討，重新思考「性」與「性別」之間的關係，反對以本質主義定義女性身分。本章即擬分別從此二角度──「反普遍主義」(anti-universalism) 與「反本質主義」(anti-essentialism) ──具體檢討「女人」作爲範疇的問題。

第一節　反普遍主義：性別之內的差異

差異女性主義以女人的共同性構思「女人」成爲一個範疇，卻忽視了性別之內的差異，更無法解釋多重差異之間可能的交互影響。許多批評者指出，有色人種女性、第三世界女性、女同性戀、工人階級女性等所面對的實際問題無法在傳統的差異女性主義內獲得解決，因爲差異女性主義把女性的利益放在所有利益之前，忽略了女性主義的關懷重點可能隨著發言位置的不同而改變。本節將以黑人女性主義與第三世界女性主義爲例，說明她們爲何以及如何對差異女性主義進行檢討。

一、黑人女性主義

從歷史上來看，美國女性運動與黑人運動的關連甚深。十九世紀末二十世紀初，第一波女性運動[1]以爭取女性選舉權爲主要目標，這些早期的美國女性運動者同時也參與了解放黑奴的抗爭（蘇紅軍，1995：37）。一九七〇年代後期，值第二波女性運動興盛之際，黑人女性漸趨從自身經驗出發，開展具有自身主體性的理論與運動。她們指出，一個女人的社會身分不僅僅是女性，她還隸屬於某個階級，來自於某個民族，擁有自己獨特的生活經驗。儘管白人女性可能同情不同階級、不同種族的其他女性，卻不可能把這些女性的主體性「客觀且眞實地」表達出來（張岩冰，1998：160-161）。因此，建立屬於黑人女性自身經驗的理論刻不容緩。

黑人女性主義（black feminism）的一個重要組成部分在於重新審視黑人女性的文學創作。著名黑人女性主義文學批評家Barbara Smith認爲，必須肯認黑人女性的創作與黑人女性本身的存在是不可分離的（Barbara Smith, 1985）。不僅如此，黑人女性已經形成了一個具有自身特點的文學傳統，我們應當從黑人女性本身的經驗出發以思索她們可貴的藝術資料，並檢視黑人女作家與黑人男作家在主題、風格上的相似之處。Smith指出，由於黑人女作家特有的生活經歷，在概念上形成了一套特殊的文學創作方法，她們寫自己的故事，創造出許多關於挖掘草藥、念咒祈禱、擔任接生婆等等不同於白人女性生活的主題（張岩冰，1998：162-165）。

對黑人女性來說，黑人女性與白人女性不同，她們承受著雙重的壓迫：不但受到種族內部的性別歧視，也與男性黑人一樣遭受種族歧視。這樣的生活決定了她們的處境不同於黑人男性，也比白人女性承擔了更多的苦難。雙重壓迫使得黑人女性成爲奴隸中的奴隸，然而她們卻無法在當前主流女性運動裡找到屬於自己的位置。例如，當Betty Friedan大聲疾呼重視「無名問題」，認爲解決「無名問題」之道在於讓女性走出家庭，卻從沒有想過上百萬的黑人婦女其實早就已經「在外工作」了。一九八六年，在一場於阿姆斯特丹所舉行的國際會議裡，當婦女團體討論到爲何西方國家「女性歷史」（women's history）的內涵仍然僅是「白種女人的歷史」（white women's history），Friedan的回答卻是：「爲了要使女性主義的觀點能夠爲大衆所理解，我們已經背負了沉重的重擔，爲什麼還要額外加上這些負擔[2]？」

這種對黑人女性的漠視顯示了當前主流女性運動內部嚴重的種族偏差。從黑人女性的觀點看來，「黑人女性不是白人女性塗上顏色，白人女性運動不能領導黑人女性運動」（Humm, 1986: 114）。也就是說，二者之間無法相互替代。爲了凸顯黑人女性的特殊性，著名黑人女性主義者bell hooks堅持以小寫字母書寫自己的名字，以示對白人文化的反抗。hooks認爲，從美國歷史來看，主流女性運動所強調的「走出家庭，出外工作」根本就只為白種女性發言，因為參加家庭以外的社會勞動對黑人女性來說，從來就不是什麼必須去爭取的「權利」：無論是當日棉花種植場的女奴，或是今日必須養家餬口的勞動女性，她們生存的第一個條件就是工作（柏棣，1995：3）。

因此，種族偏差並不單純，卻與階級偏差交互影響。黑人女性經常處於社經地位的底層，被迫從事那些白人女性希冀逃脫的工作。許多學者指出，如果某一女性的成功必須建立在給予那些幫她做家務的女性（或男性）低廉的薪資，她等於正在剝削這些女性（或男性）（Spelman, 1988: 9）。白人女性的剝削對象不只限於黑人女性，後殖民理論（postcolonial theory）提醒我們應當重視全球脈絡下第三世界女性所遭受的不平等待遇。近年來，黑人女性主義亦將發聲對象擴大至所有「非白種」（non-white）女性，包括有色人種女性（women of color）以及第三世界女性（third world women）等。

二、第三世界女性主義

如同Cheryl Johnson-Odim所言，第三世界女性主義與主流女性主義之間的關係，可以「共同的論題、不同的脈絡」

（common themes, different contexts）來描述（Johnson-Odim, 1991: 314）。在第三世界女性主義的觀點裡，英語世界女性主義學者常常傾向於認爲第三世界婦女既不開化又很落後。她們發現，第三世界人民的遭遇與美國國內少數族群的情況其實相當類似。在經濟問題與階級關係方面，第三世界國家與歐美發達國家之間的關係，彷彿就是美國國內少數族群與主流白人社會之間的關係。然而，在共同論題的掩蓋下，美國女性主義總自以爲是地把己身的行爲模式全盤推展到第三世界，強加於第三世界的女性身上，不但在學術領域與幫助發展計畫中以領導者自居，更在制定第三世界女性的需要、目標與問題優先順序上指手劃腳（Johnson-Odim, 1991: 317），不自覺地流露出種族優越的心態。

對第三世界女性主義而言，主流女性主義的盲點在於：將女性運動侷限於性別歧視的抗爭，並過分強調性別壓迫對女性的影響。她們指出，如果性別壓迫是女性受難的根源，爲什麼第三世界婦女的父老兄弟們的生活也這般地貧困痛苦？可見性別歧視並不是第三世界女性所受的唯一壓迫。在開發中國家裡，女性的平等與國家經濟的發展唇齒相依，如果將性別歧視的抗爭當作女性解放的唯一路徑，將無法解決第三世界女性的現實壓迫。正如Marie Angelique Savane[3]所言：

> 雖然女性之受壓迫是一個普遍的現象，現在是走出這種對女性處境過分簡單化的老生常談的時候了。……在第三世界國家中，女性的訴求帶有鮮明的政治色彩（explicitly political），無論是工作、教育、與健康等等問題本身，或是那些並不僅僅影響女性的議題。除此之外，第三世界女性也認爲，帝國主義不但是她們國家的最大敵人，更是女性的主要敵人[4]。

這個將帝國主義政治納入討論的訴求，卻爲第一世界女性主義所輕視。例如，Betty Friedan曾對波利維亞婦運成員Domitila Barrios de Chungara提出「忠告」，勸她不要「被男人操控」，「只想到政治」(Gilliam, 1991: 224)。但是，對第三世界女性主義而言，這些「忠告」之所以會出現，完全是因爲第一世界女性主義忽略了女性主義的關懷重點應隨著發言位置的不同而改變[5]。她們強烈批評第一世界女性主義將女性主義限制在「爭取兩性資源平均分配」的說法，認爲「婦女解放」才是女性主義的首要定義（邱貴芬，1996：128）。如同Alice Walker所指出，「女性主義」僅將重心放在男女不平等的問題，定義太過狹隘，第三世界女性運動應當放棄「女性主義」一詞，改採「婦女主義」（womanism）的稱呼。婦女主義的優點在於寬闊運動的視野，將對男女不平等的抗爭與對種族主義、階級主義的鬥爭等聯繫起來，致力於實現所有人（包括男人與女人）的生存與美好（Walker, 1983: 11）。

婦女主義與女性主義的分歧可從下列幾點看出（蘇紅軍，1995：30-35）：

1. 二者對「女性受壓迫的根源」有不同的解釋。這是第三世界女性主義與主流女性主義的最大分歧。如前所言，主流女性主義以父權體制解釋女性受壓迫的原因，並以「性」與「性別」的劃分說明性別歧視的普遍性。然而，第三世界女性主義認爲，父權體制必須被放進全球權力結構的脈絡來分析。在第三世界國家中，跨國企業廉價勞動力的來源多是年輕貧困的女性，她們所受的剝削不僅來自於性別，更與全球結構因素相關，可見性別作爲一種權力結構，是與其他的權力分配機制，包括階級、種族、年齡、地域等相互關連、渾然一體的。

2. 與上述觀點相互呼應的是，主流女性主義太過強調性文化（sexuality）對女性的影響。無論是中國的纏小腳、非洲的陰蒂割除、中東的面紗習俗等都廣受主流女性主義的青睞，成爲研究的重要主題。不僅如此，由於看到這些風俗，主流女性主義經常武斷地想像第三世界婦女所受本國父權的壓迫程度比第一世界女性更深，甚至把第三世界女性看成是自願承受壓迫、毫無反抗精神。例如，Nawal el Saadaw[6]就指出，主流女性主義總是對陰蒂割除表現特殊興趣，又常以優等文化自居，認爲這個野蠻的風俗是非洲國家落後文化的象徵，但是對跨國公司如何剝削當地的廉價勞動力卻毫不關心。換言之，第一世界女性主義把反對陰蒂割除這個問題從爭取女性平等的多重抗爭中分離出來，把陰蒂割除當作非洲國家女性地位的唯一判準，第三世界女性的切身需要卻沒有被納入討論。這個觀點與美國社會裡種族中心的情緒相互呼應，但對第三世界女性主義而言，關於性文化的研究實不應與當地的文化環境分離。

3. 主流女性主義將「第三世界女性」當作一個一元化的群體，無視第三世界內部相異的文化處境，致力挖掘各國婦女的共通性。例如，當她們看到伊朗、巴基斯坦、印度與埃及等國的婦女蒙上面紗，就輕率地得出一結論：這些國家的婦女普遍遭受父權嚴厲的統治，並且，只要戴面紗的婦女的人數愈多，婦女受統治的程度就愈高。然而，在不同的國家中，女性的面紗具有不同的社會意涵，甚至即使是在同一國家的不同時期裡，這個意涵也不一定相同。[7]

4. 「姊妹情誼」的訴求模糊了第三世界女性反抗帝國主義的視野。第三世界女性主義指出，主流女性主義太過一廂情願地相信，由於女性分享著共同的受壓迫處境，更由於女性具有共同的相互關懷情感，有別於男性的相互競爭，她們之間可以相互支持，建立凝聚各地區、各階層共同抵抗父權壓迫的「姊妹情誼」。然而，由於種族、階級的分割，女性之中不可避免地存有矛盾，未必能毫無摩擦地結合。

總結上述四點，第三世界女性運動強調應把研究視野擴大至世界體系內的政治經濟問題。她們尋求建立獨立的組織[8]，創建適合自身特殊需求的女性主義。誠如Johnson-Odim所言，第三世界女性可以接納性別身分的概念，但拒絕僅以性別爲基礎的意識型態。女性主義必須具有包容性，成爲一個能夠綜合並超越性別中心的運動：「我們要創建一種女性主義，能夠對抗所有被證明是壓迫女性的原因，無論它們來自於種族、性別、階級、或帝國主義」(Johnson-Odim, 1991: 321)，唯有如此，女性主義才可以更全面地認識女性受壓迫的事實。因此，反殖民主義應成爲女性運動的議題之一，女性主義不再僅僅反對性別壓迫，不再單單抵抗父權體制，而是堅持性別壓迫的抗爭必須與其他形式的抗爭結合起來。

無論是黑人女性主義抑或第三世界女性主義，在在昭示了一個不可否認的事實：所謂隱藏在女性身分之內的普遍團結情誼並不存在，女性主義意欲建立普遍姊妹情誼的企圖是失敗了（Fraser, 1997: 179）。主流婦運論述不可能再無視於階級因素、種族因素對女性集結的影響，甚至這些因素也決定了婦女運動發展的方向。這種重視各種因素交互作用的態度，對九○年代英語世界女性主義的發展產生了重大的影響，她們將討論焦點從「女人之中的差異」(differences among women) 提升至「多重交錯的差異」(multiple intersecting differences)，使英語世界女性主義改頭換面，展現許多嶄新的樣貌。

多重交錯因素不但摧毀了共同的姊妹情誼，更提醒我們重新思考差異女性主義所堅持的共同的女性經驗是否存在。如前所言，差異女性主義將「女人」看成是具有共同生理事實、共同母親角色、共同情感特質，以及共同道德倫理的一個範疇，這些主張的起因是女性主義的訴求對象並不是單一的女人，而是多數的女人，所以她們總將焦點集中於尋找那些超越個別女人特殊性的所有女人的「女性」（womanness or womanhood），不在意個別女人之間有何不同（Spelman, 1988: 2）。由於不管是女人的「多」，或者是女人之中的差異，對「所有女人都是女人」（all women are women）這個命題均是一種威脅（Spelman, 1988: 2），爲了能夠替所有女人發聲，女性主義假定了一個所有女人共同分享的「女性」，並認爲這個「女性」可以超越種族、階級、宗教、年齡、族群與文化的不同。

然而，「作爲一個女人」這個命題值得深加考究。「女人」（women）、「女人的議題」（women's issues）、「女人的觀點」（women's viewpoint），乃至於「女人的天性」（woman's nature）、「女人的經驗」（women's experiences）究竟所指爲何（Spelman, 1988: x）？如果女性主義志在檢討女人是否參與了西方哲學裡「人類天性」，甚至「女性天性」的建構，那麼自當必須檢視在西方女性主義的思潮裡，「誰」

曾經參與「何謂女人」的構思（Spelman, 1988: 9）。也就是說，如果女性主義批評男性以己身標準想像所有人類的天性，那麼是不是也應該審視女性主義所界定的「女性天性」是否也只以某一類女性爲標準？

面對這個批評，或許有人會反駁：儘管種族、階級、地域、年齡等因素在在影響了女性，但是對大部分人而言，要回答「我的性別是什麼」並不是一件很困難的事。君不見任何個人資料表內都有一格「性別欄」嗎？可見我們還是可以找到一個單純屬於性別的領域。然而，這就代表著我們可以找到一個超越種族、階級、宗教、族群與文化的女人內涵嗎？誠如Spelman所言，縱使我可以很清楚地回答「我的性別是什麼」、「我屬於哪一個種族」，這並不表示我就擁有一個可以完全獨立於「白人部分」的「女人部分」。Spelman提出一個十分重要的問題：「我的白皮膚與她的黑皮膚可以不影響我們皆爲『女人』的事實嗎？」將性別身分抽離於種族、階級、地域等其他身分之外，等於是要求一個女人將自己的「女人部分」與「白人部分」、「中產階級部分」等清楚區分開來（Spelman, 1988: 133-134）。女人的生活不可能是這樣的，我們無法明白地分辨出這一部分是種族的，這一部分是階級的，而那一部分又與女性的認同相關。

因此，「女人」隨著種族、階級、年齡、地域等因素而不同，在「女人」這一標籤下，並沒有所有女人共同分享的特質清單，差異女性主義以「共同特質」界定「女人」成爲一個範疇的企圖是失敗了。九〇年代的英語世界女性主義漸趨承認，差異女性主義關於女人作爲「女人」（women "as a woman"）的強調，其實只表述了某一類型的女人，亦即西方工業國家的中產階級白種女人（Spelman, 1988: 2）。她們批評，那些不具備這些特徵的女人根本就從沒被當作是女人。因此，女性主義不應繼續強調女人的普遍特質，而應採取「反普遍主義」（anti-universalism）的立場，對任何普遍主義式的命題保持高度的敏感性。誠如Spelman所指出，女性主義愈希望提出普遍式的宣稱——例如，「女人被當成是奴隸」這種命題，就愈有可能犯下種族偏差的錯誤。因爲對那些已經是奴隸的女人而言，說她們被當成奴隸眞是一件很奇怪的事（Spelman, 1988: 9）。

總結言之，黑人女性運動、第三世界女性運動的加入擴大了女性主義的視野，使其包容種族分析與階級分析，揚棄普遍主義的思考邏輯。在解釋性別歧視的源由方面，她們反對差異女性主義所主張的全稱性概念，不認爲可以爲性別歧視找到單一的關鍵因素。這就是爲什麼九〇年代英語世界女性主義較少以「父權體制」形容女性之受壓迫，而是代之以「男性宰制」（male dominance）的概念。同時，九〇年代英語世界女性主義也放棄對「女人」進行普遍性的界定，她們指出，差異女性主義總是認為女性的典型活動不外乎「家務勞動」，或者都與家庭有關，以致於將「女人」當作一個具有共同特質的普遍範疇。然而，何謂「女人」無法以共同特質一言而蔽之。無論是男性宰制的具體形式，或者生理事實、母親角色、情感特質、價值取向的具體內涵都隨著種族、階級、族群、地域、年齡等其他因素而改變。「女人」無法作為單一範疇，多重交錯的差異使得「我們都是女人」的訴求破局，我們的處境不同，我們的特質不同，我們無法毫無裂痕地被包含在「女人」這個單一的範疇之下。

第二節　反本質主義：「性」與「性別」無分

有色人種女性、第三世界女性，以及工人階級女性對傳統女性主義的質疑，揭露了共同處境、共同特質與共同情誼是一個迷思。性別之內的差異使得我們無法再對「女人」進行普遍主義式的界定，多重交錯的差異更使我們必須正視各種差異之間的交互影響。現在，已經沒有所謂普遍單一的「女人」存在，有的只是各種不同的女人。當我們面對這些不同的女人，我們看到了多樣複雜的面貌，不同的差異面向在個別女人身上揉雜了相異的印記。然而，儘管這些女人再有不同，我們卻還是常聽到一個說法：只要剝光了她們的衣服，天下的「女人」還不都一樣！以生理基礎定義「女人」的意圖相當明顯。女性主義該如何看待這個說法？

如同上章所指出，差異女性主義以「性」與「性別」之分探討性別問題，亦即具有生理特徵的自然身體，在社會化的過程之中，被分派成社會給定的性別角色，而後才成爲社會意義上的性別。換言之，她們認爲「性別」以「性」爲基礎，並且，兩性生理特徵具有不同的意涵。以「性」爲基礎建構「性別」意味著「性」是無須解釋的生理事實。所謂無須解釋，係指不證自明、意義自然彰顯。所以，「性」的意義不會隨著具體時空與文化脈絡而改變，能夠改變的充其量只有「性別」而已。

以「性」爲基礎界定「女人」的結果是，「女人」作爲一個特殊存在，具有某種本質（essence）的內涵。所謂本質即是生理，將「女人」類同於「天生擁有母性的人」。不同文化脈絡的女人縱或有差異，卻分享了共同的生物事實，差異女性主義立基於「性」劃分之上的主張因而難免導向普遍主義。先天的生物事實是固定不變的既定存在，是所有性別特質的基礎，被歸納爲女性情感的和平與寬容特質即由生理事實導出。所以，即使體認到性別之內存有差異，性別與其他差異的關係是多重交錯的，甚至也支持性別隨著文化脈絡而改變，但立基於相同生理事實的論證仍然難免導向一個關於「女人」的普遍性內涵，這個內涵就是生物能力。

因此，爲了徹底檢討「女人」一詞的普遍性與本質性，有些九〇年代英語世界女性主義者開始將焦點置於「性」與「性別」之間的關係，她們對「女人」範疇的討論因而可以分爲幾個層次。在黑人女性主義與第三世界女性主義等對「我們」都是「女人」進行批判之後，女性主義已不得不承認「我們是不同的女人」，並且，假若「女人」的內涵僅以白種中產階級女人爲準，「我們」根本也就不是「女人」；而在「性」與「性別」之分的反省開始被重視之後，女性主義不但必須面對個別女人之間的差異，反本質主義也迫使女性主義以更爲基進的態度思考「女人」一詞的誕生。

一、「女人」一詞的建構性

九〇年代英語世界女性主義批評，認同政治（identity politics）總傾向於預設一個早已存在的認同傳統，女性主義亦不例外，認爲只有這樣才可建立與此認同相一致的利益與行動（Evans, 1995: 133）。如同女性主義歷史學家Joan Wallach Scott所指出，證諸女性主義的發展史，女性主義為了將「女人」重現於歷史，使歷史不再僅僅記載男性的英雄事蹟，逐漸把「女人」這個身分以連貫性（coherent）、單一性（singular）的方式建構起來。女性主義雖成功地把女性確立為歷史之中的主體，卻把「女人」這個概念單一化，失去了時間性（timeless）。換言之，作為一種政治，女性主義不斷訴諸「女人」，以「女人」之名行動，卻忽視「女人」這個範疇是隨著歷史的變遷而不斷變化的（Scott, 1996: 3-5）。

因此，許多學者指出，儘管普遍性的父權體制早為女性主義所揚棄，許多女性主義者仍然相信「女人」具有某些共通的內涵。著名結構主義女性主義者Judith Butler提醒我們思考：「女人」具有任何先於她們受壓迫情境的共同本質嗎？或者，僅僅由於壓迫的情境，「女人」之間就有一種聯繫嗎？女性是否真如差異女性主義所言，具有一個獨立於男性宰制之外的特殊文化？女性文化的形成是不是總是籠罩在男性支配的文化裡？Butler指出，自多重交錯差異被納入女性主義的討論之後，對於「女人」這個範疇究竟如何構成，必須包含哪些要素，女性主義很少達成共識。女性主義內部關於「女人」的論爭正好顯示了認同政治的缺陷。對Butler而言，儘管女性主義的認同政治不斷致力於擴大「女人」的代表性，將黑人女性、第三世界女性、工人階級女性等包含進來，卻忽略了形成「女人」範疇本身的權力結構（Butler, 1990: 4）。

Butler認為，為了建構「女人」成為女性主義的主體（subject），女性主義假定了一個既存的認同，以作為女性主義尋求政治再現（political representation）的基礎。所謂再現，意指在政治過程中尋求將可見度與正當性擴大至女性，使女性成為一個政治主體（Butler, 1900: 1）。Butler援引Foucault的概念，認為任何被再現的主體均由權力體系所產生，且主體的形成與這些權力結構的需求相一致。如果這種分析是正確的，那麼使女人再現成為女性主義主體的語言與政治，本身就是某一種政治觀點的產物。因此，女性主義的訴求對象──「女人」主體是特定政治體系所建構，並沒有一個存在於權力結構之前的主體，等待著被權力結構所再現（Butler, 1990: 2）。

如果「女人」這個主體是在權力場域中形成，女性主義就不能將主體的認同當作論證或行動的既定基礎。因為不同的權力結構對主體的形塑能力各有不同，「女人」這個主體位置不可能是穩定不變的，也不可能作為最終的再現。並且，由於「女人」此一行動者（doer）是在各種政治力量的建構中形成，女性主義應當致力瞭解「女人」範疇是如何被權力結構所產生與限制，也就是對「女人」一詞進行系譜學（genealogy）的分析（Butler, 1990: 5）。系譜學的追問並非尋找性別的源頭（origin），而是強調性別實際上是各種不同的制度、實踐、論述之間複雜多樣的交互影響的結果（effects）。作出「女人」定義的過程因而必須被強調，例如，男性中心體制與強制異性戀體制如何對「女人」進行定義，這些建構過程都是女性主義所必須挖掘的（Butler, 1990: viii-ix）。

二、「性」與「性別」無分

既然沒有任何外於權力結構的位置，「女人」範疇並沒有對應於任何先於權力結構的本質。持這類看法的女性主義者認為應對「女／男」二元劃分抱持解構（deconstruction）的看法，因為差異女性主義關於「女／男」的概念是一種決定論（determinism）。由於男女不可改變的生理事實，「性」的基礎保證了一個不會隨著時間變動的女性本質，立基於「性」之上的後天「性別」自然也難逃二元對立的僵化。

對持解構看法的女性主義來說，「女人」並不具有任何普遍基礎，甚至「女人」與性別範疇的有效性都應受到質疑。如同Butler所言，如果某一個人「是」女人，那麼毫無疑問地不會所有人都是（Butler, 1990: 3）。如果「女人」不具有任何普遍基礎，我們如何看待「性」與「性別」之分？生物能力是否仍可作爲「女人」普遍性定義的基礎？許多九〇年代英語世界女性主義批評，將「女人」等同於生殖能力是以本質主義的方式界定「女人」，認爲身體具有跨越文化的意涵。在這個定義之下，「女人」此一範疇是一個本質化了的範疇。然而，假若「女人」是男性宰制的產品，何來不變的本質？並且，如果我們認爲男女性別差異乃由天生自然所決定，等於認爲差異會一直延續，將使得轉變難以發生。

Simone de Beauvior的名言提醒我們：「我們並不是生來就是女人，而是變成女人。（One is not born, but rather becomes, a woman.）」對許多九〇年代英語世界女性主義而言，共同生物基礎不能架構起「女人」的內涵，「女人」的建構更不是以自然的「性」爲基礎。究竟什麼是「性」？意指自然？是解剖學上的用語？意指染色體？抑或荷爾蒙？女性主義應當如何看待這些科學論述所給予我們的「眞實」？Butler認爲，女性主義必須重新檢視「性」與「性別」之間的關係[9]。「性」與「性別」之分是否完全對應「先天」與

「後天」之分？「性」本身的建構是不是也有歷史？每一個「性」是不是各自擁有一個不同的歷史？對Butler而言，女性主義不但需對「女人」一詞的建構進行系譜學的考察，關於「性」的二元建構也應適用相同的方法。因爲「性」本身並不是一個外於權力結構、天生不變的自然事實，而是各種科學論述將「性」歸類、建構爲自然的事實（Butler, 1990: 6-7）。

由於「性」的內容隨著科學論述而有不同，「性」的特徵並非亙古不變，「性」其實就同「性別」一樣，也是文化建構的產物。所以，「性」本身也屬於「性別」的範疇，並沒有一個不受後天干擾的先天「性」的存在。Butler說：

> 「性別」不應被看成是早已預先存在的「性」的文化銘刻，「性別」是使「性」得以建立的生產機制。

也就是說，「性別」是一個文化手段，使得「性的自然」或「自然的性」得以產生，使得「性」被建構成「先於文化之前」，彷彿是一個政治中立的、可供文化施予作用力的表面（surface）。然而，「性」並不屬於自然，「性」並非是一個先於「性別」生產過程之前的既定事實，等待著「性別」將

「性」的意義展現出來。「性」其實是「性別」這個機制的文化建構結果（Butler, 1990: 7）。

既然「性」並非天生自然的現象，「性別」的建構就不是立基於「性」的劃分之上。如果女性主義仍然堅持區分「性」與「性別」，等於預設一個先於論述之前（pre-discursive）的女性身體，可能落入將性別角色還原於身體的生物決定論。不僅如此，預設女性本質的結果，將不可避免地強化男性宰制裡既有的「自然／文化」、「女／男」等二元對立。Butler提醒我們：要達到穩定且一致的「女人」範疇，必定要在異性戀體制的脈絡之內，因爲一致且穩定的女／男主體只能在異性戀的架構之下存在。那麼，將「女人」範疇當成一致且不變的主體，會不會在不知不覺中又規則化並具體化了性別關係？這個結果是不是和女性主義的目標相反（Butler, 1990: 5）？

據此，Butler主張以「性別表演論」（performative model of gender）取代過往的「性」與「性別」二分概念（Lin, 1997: 249）。透過其名著《性別風波》（*Gender Trouble*）的副標題（*Feminism and the subversion of identity*），Butler明確表達「顛覆認同」的企圖。她指出，身體、物質的層次均屬於文化建構的範圍，身體不能脫離文化意義而存在（廖朝陽，

1995：123）。我們以爲無須解釋的身體現象，其實仍隨著具體的文化脈絡而改變，生理本身並不能產生放諸四海皆準的意義。相異的文化對於生殖能力各有不同的詮釋，生物能力並不能成爲「女人」的普遍定義。證諸女性主義的發展，我們發現，如果堅持「女人」具有先於論述之前的眞正女性本質，亦即以生理爲基礎的本質，其實是將白種、中產階級異性戀女人對生理的解釋，當作所有女人的共同經驗。

因此，性別表演論強調「女人」不能等同於「擁有母性的人」，所謂「女人」不過只是透過大量的人工裝飾，包括化妝品、髮型、服飾，甚至吃飯習慣、與他人的交談姿勢、語言使用等等，不停僞裝得像個「女人」而已。那些被視爲結果的性別表演，其實是建構「性」身分的源頭，所謂的「性差異」只是性別表演的結果（張小虹，1993）。Butler認爲，「女人」是一個模仿（parody）的表演過程，在模仿的過程之中，「女人」、母性、單一性別等概念都是被模仿的對象。模仿並不意味著被模仿的對象具有本質，因爲模仿本身就是事物的原型，所謂的「男」與「女」是在日常生活之中不斷演練與操作才建立起來的位置（Butler, 1990: 138）。換言之，「女人」並不是一個確定不變的概念，女性與男性不過是模仿的表演結果，所謂「女人」可以指涉千萬個型態各異的個體。

性別的表演是一種模仿意味著沒有任何性別特徵是必要的元素。Butler認為，模仿顯示了「男人」、「女人」這些詞彙的虛構性，也就是說，儘管模仿希望能夠創造出一個關於「女人」的統一圖像，但模仿卻顯示了「女人」的不具本質。為了去除身體範疇的自然性，Butler認為一種基於性別表演的嘲諷實踐，也就是扮裝（drag），可以用來超越僵固性別的二元架構（Butler, 1990: x）。由於性別僅是模仿的表演結果，變男變女變變變的扮裝可以是一種策略，用以直接嘲諷性別一詞的統一性。Butler指出：

> 扮裝建立了一個關於「女人」的統一圖像，但扮裝同樣顯示了這些性別經驗是透過異性戀機制虛構的一貫性而被錯誤地自然化為一個整體。在模仿性別的過程中，扮裝暗示著性別結構本身就是模仿的成品，並且也是偶然的（Butler, 1990: 137）。

因此，扮裝的模仿過程是一種嘲諷，顯示了既定的認同——所謂的「男人」、「女人」根本不具任何本質，不過只是表演的結果。扮裝顛覆了性別的二元，使得我們不再可以將性別僵固在「男人」、「女人」這兩個範疇，正是在這層意義下，跨性別者的運動意涵顯而立見。跨性別的扮裝直接顛覆了性別的二元，是推翻本質認同的不二策略，女性運動因而也就不再需要再現「女人」，而是以扮裝嘲諷性別範疇的僵固[10]。

總結言之，九〇年代英語世界女性主義反對以普遍主義與本質主義界定「女人」，對她們而言，訴諸共同特質、共同情誼、共同認同將遭遇許多困難，因爲將「女人」視爲一個固定範疇是一種規範性（normative）的作法，可能導致嚴重的排他性（exclusionary）。在反普遍主義與反本質主義的認知下，九〇年代英語世界女性主義已不再認爲「女人」是單一的範疇，並且，由於性別只是表演的結果，她們徹底反對陰性、母性、與性具有跨越文化結構的存在，強調身體同樣是文化建構的範圍。因此，性別的多樣複雜已不能被限制在「男」、「女」這兩個固定的範疇，「女人」的普遍與本質均不復存在，「我們」不能再高枕無憂地被僵固於「女人」的框架之下。

註釋

1 Julia Kristeva曾將女性主義的理論發展區分爲三個階段：第一波、第二波以及第三波。第一波女性主義的焦點是「平等主義」，此一時期的理論與實踐，主要是強調男女的相同性；至第二波，則將重點放在女性的特殊性，強調女性特質與男性特質的不同，對性別之間的差異加以肯定；到了最近的第三波，女性主義逐漸開始重視女人之內的差異問題（Kristeva, 1986）。

2 原文爲"We have enough of a burden trying to get a feminist viewpoint across, why do we have to take on this extra burden?" 轉引自Spelman（1988），頁8。

3 Marie Angelique Savane曾擔任非洲婦女研究發展協會（Association of African Women Organized for Research and Development, AAWORD）的主席。參見Johnson-Odim（1991），頁319。

4 轉引自Johnson-Odim（1991），頁319-20。

5 第三世界婦女團體對於西方女性主義的不滿，尤其顯現在多次世界婦女大會的爭論之中，可參見鄧修倫著，《聯合國體系下「女性議題」發展之探討》。

6 Nawal el Saadaw是一位埃及女作家，著有*The Hidden Face of Eve: Women in the Arab World* (London: Zed Press, 1982)。參見蘇紅軍

（1995），頁32、50，註14。

7蘇紅軍指出，例如，在伊朗，由於西化的衝擊，伊朗傳統飽受威脅，在一九七九年的伊朗革命中，中產階級伊朗婦女也戴上面紗，以示對戴面紗的勞動婦女的支持（蘇紅軍，1995：34）。

8例如，一九七三年「全美黑人女性主義組織」（National Black Feminist Organization）成立於紐約；一九八一年，「全美第三世界婦女聯合會」（National Alliance for American Third Women）也繼而成立。

9傳統女性主義對「性與性別之分」的看法可以表一說明，表二則是Butler對傳統女性主義所提出「性與性別之分」概念的詮釋（修改自Lin, 1997: 241, 242）。

表一 傳統女性主義對「性與性別之分」的看法

性	性別
自然	文化
先於論述	論述
生理的女人	文化指定的女人
性的身體	具性別差異的身體
性二元的穩固：男性與女性	只有男人的身體可以被命名爲男人；只有女人的身體可以被命名爲女人

表二　Butler對「性與性別之分」概念的詮釋

反映　　反映　　　反映
行動者／眞實的自我〈——性〈——性別〈——行爲／性別實踐
導致　　導致　　　導致

既成的表面〈——施力於〈——文化意涵

10 在評價性別表演論時，Judith Evans指出，將焦點置於性別表演的過程而非身體本質的好處在於，如果我們將我們的認同看成是一種「結果」(effect)，是被作用、生產出來的，我們的認同範疇就不至於固定不變（fixed)，如此能動性（agency）才可能產生。換言之，如果「女人」的內涵不是固定不變地依循著先天的本質，而是各種政治力量的競逐結果，我們就可以在建構「女人」內涵的過程之中進行鬥爭（Evans, 1995: 134)。這個立場與論述理論（discourse theory）的想法是相通的，下章將對此概念詳加討論。

第四章

「我們」仍是「女人」：重新詮釋「女人」爲範疇

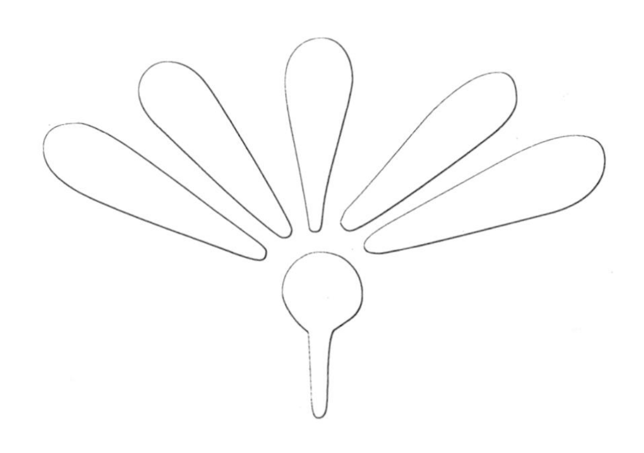

反普遍主義與反本質主義指出女性主義應當正視「女人」範疇的不一致與不穩定，提醒女性主義不應再以共同生理事實、共同母親角色、共同情感特質，以及共同道德倫理將「女人」建構爲一個不同於「男人」的範疇。女性主義面對的是多樣不同的女人，且如果性別無法以生理的性爲基礎，「女人」乃是表演的結果，性別不可避免地將隨著社會文化脈絡的不同而呈現多樣複雜的面貌。對九〇年代英語世界女性主義而言，一方面由於性別與種族、階級、年齡、地域、族群等因素的交錯，「女人」不具共同特質；另一方面，由於性別不應以任何生物性身體爲基礎，女性特質的最終普遍來源——身體亦被解構，性別表演的結果已使我們更難定義「女人」。至此，「女人」的多樣性不只起因於有色人種女性、第三世界女性、工人階級女性等等的加入，更由於扮裝成「女人」的人、跨性別者等等的挑戰，「女人」已無法被看作是固定單一的範疇。

面對「女人」無法作爲固定單一範疇的命題，女性主義大多抱持著正面的評價。因爲，只有願意留意其他差異，不再僅將焦點置於性別差異，女性主義才有機會停止認爲其他差異的提出將會對「女人」的團結造成傷害（Fraser, 1997: 180）。重視多重交錯差異的女性主義認爲，性別是一個社會與歷史研究的分析範疇，由於性別內涵的歷史變化，「女人」當然不可能是一個內涵一致、固定不變的統一體。「女人」之中的差異之所以獲得女性主義的強調，不是爲了阻礙「女人」形成共同的政治綱領，而是爲了加深女性主義對歷史與現狀的認識，在承認差異的前提下開展共同綱領，組成政治聯盟（Scott, 1996: 9-13）。

儘管如此，女性主義對這個命題所產生的影響卻也不見得樂觀。即使如同上章所言，Butler認爲女性主義需要的並不是再現的政治，以扮裝嘲諷「女人」一詞的僵固才是女性主義的解放策略，某些女性主義者仍然對「女人」無法作爲範疇相當憂心。持這項觀點者可以Iris Marion Young爲代表。Young在指出爲何仍須將「女人」視爲範疇之後，主張以一種非本質主義且非普遍主義的方式重新詮釋「女人」。

然而，Young所提的方案卻也不盡理想，Chantal Mouffe即多所批評。在這些批評之下，Mouffe轉而以其與Ernesto Laclau所開展之論述理論解釋「女人」作爲範疇的問題。本章擬從這些問題出發，探討Young、Laclau及Mouffe各自理論的優劣。

第一節　作爲系列的性別

一、為何需要重新詮釋「女人」為範疇？

反普遍主義與反本質主義解構了「女人」作爲範疇的基礎，儘管擴大了女性主義的視野，但在Young看來，這些論證卻很有可能使得女性主義在政治上顯得無力。Young提醒我們留意：這些論證會不會使得任何宣稱女人作爲一個群體（women as a group）的說法變得毫無意義？甚至成爲一個錯誤的命題？或者，所有提到社會群體的語句都不應該發生？果眞如此，使用「女人」這個詞彙究竟還意味著什麼？更重要地，在這些論證之下，女性主義還可以提出哪些積極的主張（Young, 1995: 191）？女性主義還可不可以在政治層面訴諸「女人」？

對Young而言，女性主義之所以遭受反普遍主義與反本質主義的批評，是因爲女性主義爲了能夠解釋女性受壓迫的情境，更爲了能夠改變這個情境，經常援引許多全稱性（totality）的概念，差異女性主義更進而希望能夠找到「何謂女人」的普遍答案。這些追尋顯示了女性主義企圖建立一個性別分析的理論，相應於階級分析在馬克思主義中的地位，故而引發了一連串普遍性與抽象性的理論問題[1]（theoretical questions）。

所謂理論（theory），係指一種整全性（comprehensive）的論述，對社會關係提供整體性的系統解釋。一般而言，理論傾向於以普遍式的語言描述事物，從普遍宣稱中導出個別案例，或者將普遍宣稱運用至個別案例。但是，整全性的解釋卻將某些女人排除在外，並把偶然的社會關係凝固成錯誤的必然。女性主義並不需要這種論述形式，反而需要一種更加實用的語言。所謂實用（pragmatic），係指發展針對特定政治問題的解釋與論證，且理論活動的目的清楚關連至這些問題的解決，並不希冀對整體做出解釋[2]（Young, 1995: 191-192）。從實用性的觀點來看，Young認爲，女性主義必須概念化「女人」成一群體的理由有二[3]：

1. 只有繼續看待「女人」爲群體，才能維持一種不同於自由主義式個人主義的觀點。Young指出，自由主義式個人主義否定了群體的重要性，對他們而言，種族、宗教、性別、族群等範疇與個人的經驗、能力毫無關連，且假若認爲有所關連反而有害於個人的自由，因爲對自由的唯一保障就是把所有人看成是獨一無二的個體。然而Young認爲，這種個人主義的意識型態反而掩飾了實際的壓迫。如果無法將女人概念化爲群體，就不可能將女性的受壓迫情境看成是系統化的、結構化的與制度化的過程（Young, 1990: ch2）。換言之，保留群體的根本原因在於，並非所有問題都可以一句「個人的自由選擇」就加以解決了，只有保留群體或範疇的概念，有關平等的議題才較易爲人們所注意。所以，保留範疇或群體的概念有其必要性，女性遭受不平等的情況並不是以個人的自由表演或個人的意識流動等等說法就可以解決。因此，對Young來說，只有持續看待「女人」爲群體，才能以差異政治（politics of difference）的概念取代自由主義[4]，使得各種群體可以差異之名要求差異性的公民權利。

2. 將女人看成一個特殊的社會群體，是使女性主義成爲特殊政治運動的重要原因。Young指出，種族、宗教等範疇很少受到「是否可以成爲一個群體」的質疑，因爲這些群體內部或多或少分享了共同的傳統，無論是語言、習俗、或者是相同的居住地。然而，女人卻分散在這些群體之間。女性主義抗爭的第一步因而就是要肯定女人可以作爲一個群體，使女人得以團結而不再被區隔。否定女人作為一個社會群體等於強化某些特定的利益，使它們可以從區隔女人的過程中謀利（Young, 1995: 192）。

因此，對Young而言，「女人」必須被看成是一個社會群體，唯有如此，「女人」才可以被當成政治行動的差異範疇。然而，「女人」一詞在歷經性別之內的分歧、多重交錯的差異、反本質主義等概念的解構之後，這個詞彙的指涉已不再穩定，沒有實質性內涵的結果是：我們很難再以「女人」之名進行政治行動。這就是女性主義者的兩難。一方面，如果反對「女人」可作為行動範疇，是某一社會群體的名稱，女性主義政治好像就沒有什麼特別。另一方面，若想強調女性特質的同一，又很可能排除許多不同的女人，有損於女性主義的理想（Young, 1995: 188）。有沒有方法可以解決這個兩難？

二、「女人」作為社會系列

這個兩難顯示了女性主義難以抉擇是否應將「女人」視為一範疇。如果困境若此，女性主義可不可以有第三條路？換言之，我們可不可以將「女人」看成是多個範疇而非單一範疇？既然性別與種族、階級、年齡、地域、族群等因素相互交錯，女人不具普遍特質，我們只能看到許多不同的女人：「白種女人」、「工人階級女人」、「老女人」、「同性戀女人」等，女性主義能不能進而宣稱：性別是多個範疇而非單一範疇？也就是說，世上沒有「女人」這個範疇，只有「白種女人」、「工人階級女人」等名詞？

在Young的解讀之中，Elizabeth Spelman就是採行這個觀點。由於不可能存在一個不受種族、階級等所影響的「女人」，女性主義應當宣稱性別身分是複數的（multiple），而非二元的（binary）。換言之，性別這個範疇雖未被放棄，但一個人的性別特質會隨著不同族群、階級、性傾向等而改變，世上只有「白種女人」、「工人階級女人」等名詞，而這些名詞之間各有不同的性別特徵。此即所謂複數性別（multiple genders）概念（Spelman, 1988; Young, 1995: 193-194）。

複數性別的宣稱為Young所否定，理由是複數性別對目前的性別關係並未做出正確的解讀。Young的批評如下：

首先，性別關係主要並不是在階級、種族等關係之內所建構起來的。例如，工人階級女性的性別經驗並不只是經由與同一階級的男性比較而來，常常，她的壓迫來源是中產階級男性，比如在性騷擾案之中，她可能與中產階級女性有著相同的經驗。其他類似這種橫跨階級與種族的例子不勝枚舉。

其次，將性別複數化會遭遇到許多困難，尤其，複數性別的概念假定劃分女人的階級、種族等範疇是穩定不變的。例如，將印第安女性區別於白種女性，等於認可印地安人與白人的區別是毫無疑問的。

最後，Young亦明白指出，複數性別的分析根本沒有解決問題，由於個別女人的經驗各有不同，複數性別將使群體無限倒退至個人，那麼問題又回到原點：是不是沒有任何範疇群體可以存在（Young, 1995: 195-6）？

因此，將性別看成是多個範疇而非單一範疇並不是女性主義可以選擇的第三條路，更沒有成功地解決女性主義的兩難。藉由批評複數性別的概念，Young認爲仍應將性別視爲一個範疇。如果必須重新看待「女人」爲範疇，Young如何解決女性主義的困境？

對Young而言，女性主義重新看待「女人」爲範疇的方式，必須揚棄普遍化分析，避免宣稱女人具有共同的特質。不僅如此，女性主義也不應假定所有女人共處於相同的父權體系之內，分享共同的經驗，尤其不應據此導引出「女人」擁有共同的姊妹情誼與認同。不同時空的「女人」扮演著相異的社會角色，她們的行爲模式與特質不可能是一樣的。成爲「女人」的共同理由因而消失，「女人」此一身分的由來也不可能再訴諸共同的特質與認同。那麼，女性主義是否可以在不預設「女人」具有共同特質與共同認同的情況下，仍然將性別視爲一範疇？

據此，Young在一九九五年一篇名爲〈作爲系列的系別：思索女人作爲社會群體〉（Gender as Seriality: Thinking about Women as a Social Collective）的文章中，以Jean-Paul Sartre的系列群體（series）概念，重新概念化「女人」爲社會群體。她認爲，應將「女人」這個範疇當成一種社會系列（women as a social series），而非具有共同特質與共同認同的團體（group）。Sartre在《辯證理性批判》（*Critique of Dialectical Reason*）一書中，以「系列性」（seriality）說明社會系列與團體大不相同。儘管Sartre的企圖並非在於找尋社會群體如何可能的答案，但Young卻在不全盤肯認Sartre理論的情況下，單獨運用這個概念（Young, 1995: 198），認爲以系列方式界定女人，將可避免宣稱所有女人具有共同的特質與共同的認同。

Sartre根據社會群體內在的複雜程度（complexity）與反思程度（reflexivity），將社會群體區分爲幾個層次。Young

擷取其中關於團體與系列的劃分，認為其有助於女性主義思考「女人」作為範疇的問題。所謂團體，係指一群能夠相互識別、具有共同目標，並認知到自己與他人共處於一整體關係的人的集合。團體成員的結合源自於共同的行動，由於明瞭自己是團體之中的一份子，個人認知到自己與他人均朝向相同的目標。團體具有自覺的目標，團體的計畫是一個集體的計畫，且成員也同意這個計畫的達成最好是透過集體的行動。

另一方面，Sartre指出，所謂系列，係指無組織的、非自覺的群體。團體自系列中生成，卻也經常退成系列。與團體不同的是，系列之所以可以被稱為群體，乃是因為系列之中的個人雖然僅追求自己的目標，但這些目標卻關連至相同的客體（objects）。對Sartre而言，這些客體為一連串物質條件所限定，它們是過去行為的非預謀結果。儘管系列中的個人各自進行不同的行動，但透過這些客體，系列成員可說消極地聚集在一起（Sartre, 1991; Young, 1995: 198-9）。

系列的聚集可舉等公車為例說明之（Young, 1995: 199）。我們之所以可以將一群正在等公車的人看成一個群體，是因為這些人共享了相同的物質客體——公車，並且同樣都依循著等公車的常規。她們的行動與目標可能不同（例如，她們會在不同的車站停車，要去的地方也不見得一樣），她們之間從未相互認同，更別談具有什麼共同的性質。她們成爲群體的原因僅在於都希望搭上同一班公車。她們雖然已是一個群體，但卻沒有認同對方，從未積極肯認自己與他人正分享著共同的經驗，每一個人都只爲自己的目標而行動。這就是系列的特性。

系列的另一個特性在於偶然（contingency），我今天在等公車的隊伍中排到第三位是一件偶然的事。正因爲偶然，系列中的個人可以相互替換（interchangeable），儘管個人之間並不相同，卻可以在毫不影響系列群體的情況下替代他人的位置。所以，個人特質爲何並不影響系列，系列的聚集僅因爲成員的行動關連至相同的客體。社會實踐與物質客體產生了系列，這就是爲什麼我們可以將一群正在等公車的人統稱爲「通勤者」。同樣地，收聽廣播的聽衆亦可以成爲一種系列，收聽者之間雖是孤立的，但透過物質客體與社會實踐，收聽者可以被系列化爲一個群體，這個群體就是「聽衆」（Young, 1995: 200）。

系列群體的成員身分（membership）決定了個人的存在，例如，一個人「是」通勤者、「是」乘客、或者「是」收聽者。然而，這個界定必然是在其他人同樣處於系列的情況下才能做出，所以系列的界定沒有顯示出個人的個別特色（anonymous）。不僅如此，系列也是無組織的（amorphous）群體，沒有任何決定性的特徵與意圖。Sartre稱系列的聚集是一種飛逝的結合（a unity in flight）。系列的性質與特徵不能穩定下來，我們無法找到一組共同特質以決定哪些人是系列的成員，也沒有任何充分條件可以決定某些人屬於某一個特定的系列。試問：誰屬於等公車的系列？是那些天天都來搭乘的？還是那些只有今天才來排隊的（Young, 1995: 201）？

因此，共同特質並不是系列聚集的基礎，系列的成員身分雖限制了個人的行動選擇，但成員身分並不會決定個人的特質與認同。當我察覺自己是某一系列的成員時，並不表示共同的特徵，亦不指涉內在的認同，因爲成員身分並不是經由定義我們是什麼（what is）以及我們的內涵如何而來，而是由於在多樣的行動裡，我們關連至相同的客體，並處於相同的結構之中。在Young看來，正因爲系列特性若此，女性主義可據之解決「女人」作爲範疇的問題。

爲了避免以共同特質與共同認同界定「我們是女人」，女性主義可以將性別範疇看成是一種系列群體。做爲一種系列，「女人」是一種結構關係的名稱，與相同的物質客體發生關連。與等公車或聽廣播等系列相同的是，性別也是一個鬆散的結合。與等公車或聽廣播等系列不同的是，性別遠較它們爲複雜。性別是一組由廣大、多面向、重疊的結構與物質客體所組成的系列，「女人」則是被這些結構與客體放置在陰性位置的人們。

哪些物質客體使性別成爲系列？Young指出，首先，女性身體是使女性成爲系列的其中一個原因。當然，單單身體事實無法解釋女人作爲系列，社會客體不但與身體事實相關，更是過往行爲的綜合結果，身體只是性別系列裡眾多的一個物質客體而已，仍有許多其他廣大複雜的客體限定了女人的性別與生活方式。細言之，圍繞著物質客體的各種社會規範、社會行爲，包括異性戀體制、性別勞動分工體制等，以及社會如何理解女人的身體、要求女人如何表現自己的身體，包括穿著、服飾、姿勢、打扮等，均在使「女人」成爲系列的過程中發揮了作用。除此之外，所謂物質客體甚至包括生活空間裡的任一角落，例如，我可能透過發現自己不能住進一棟「錯誤」的宿舍而理解到自己是一個「女人」（Young, 1995: 203-5）。

由此可知，身體與其他客體將「女人」構成系列。如前所言，系列並未決定女人的特質，也沒有定義她們的認同。

Young指出：

> 將性別概念化爲系列，可以避免宣稱所有女性具有共同的特質。系列是一個聚集，但是消極的聚集。此一聚集並不起源自一群稱作女人的個人，而是透過社會關係的物質組織，將女人置於系列之中。這個社會關係的物質組織受到強制異性戀體制與性別勞動分工的結構關係所限制，而結構的內涵則隨著社會情境的不同而產生巨大的變化。稱呼一個人爲女人可能預示了某些她即將面對的一般性限制與期望，但卻沒有預示任何特定問題的答案，例如，她是誰、她在做什麼、她如何扮演自己的社會角色（Young, 1995: 208）。

因此，儘管系列限定了行動，性別系列中的個人卻僅追求自己的目標，性別系列也未決定個人的特質。所以，所謂作爲一個「女人」，僅意味著經歷了系列此一事實。Young說：「『我是一個女人』是一個沒有個人特徵的事實，這些事實從未積極界定出我的個體性。」一個人可以從系列情境中建構起積極的性別認同，但系列只是個人或團體認同的背景情境，並非認同的構成要素（Young, 1995: 206）。不但系列能否具有積極意義仍有變數，在特定時點中，個人的哪一個成員身分會變成其行爲的決定性因素，也是一件無法事前預知的事。

不僅如此，儘管處於同一系列意味著系列之中的成員與系列之外的他人處於不同的情境，而處於不同情境的人可能會產生相異的經驗與認知行爲，但系列之中的個人卻各自以不同的方式與系列發生關連，甚至同一個人，在不同的社會情境與不同的生活時刻，也可能以不同的方式與系列相連（Young, 1995: 207）。因此，以系列說明個人與群體的關係並不會泯除個人之間的差異，從而避免以同一性界定群體。

總結言之，以系列看待女人爲一群體具有以下優點：

1. 可避免宣稱所有女性具有共同特質

本質主義將女人當作一個實體（substance），生來即存在某些特質，這個觀點使「女人」作爲範疇成爲女性主義的兩難。由於系列僅以相同客體界定群體，當可避免反本質主義的批評。

2. 可將性別範疇與認同現象區分開來

以認同界定性別的理論經常傾向於認爲女人是一個具有共同觀點或價值的自覺群體。在Sartre的概念中，團體成員相互認同，認爲自己與他人同屬於一個具有共同目標的團體，但作爲系列，個別女人之間並不需要相互認同，她們不具有共同的目標，也不需要理解自己在系列裡的成員身分具有何種積極的意義。

以系列看待「女人」既具上述優點，Young隨即指出種族、國族等其他差異同樣可以系列群體加以說明（Young, 1995: 206）。性別、種族、階級、族群等均各自形成自己的系列，與不同的客體發生關連。個人可以選擇認爲系列對自我認同的形成不具任何作用，也可以選擇認爲某些系列事實對自我認同相當重要，甚至可以形成團體的凝聚（Young, 1995: 207）。無論如何，任何結果都無法事先得到答案。

至此，系列提供了一個「女人」作爲群體的回答方案，然而，系列概念能否回答Young認爲應保留「女人」作爲範疇的第二個理由——亦即只有將女人看成一特殊的社會群體，才可使女性主義成爲一特殊的政治運動？也就是說，系列使得「女人」仍可被看成群體，但系列的特性卻僅僅指出行動之所限，系列卻非具有行動能力的政治範疇，那麼，「女人」系列如何成爲政治行動範疇？對此，Young的解釋甚少，但我們仍然可在關於團體的討論中嗅出端倪。

Young指出，系列雖與團體不同，但系列與團體之間的關聯性確實存在（Young, 1995: 209-10）。團體是一個自發性的集體，生成自系列情境。所謂生成自系列，意味著系列限定了成員的社會情境，限制了成員可能產生哪些集體行動。一旦成員出現任何凝聚意識與積極行爲，集體的認同與目標就出現了，團體油然而生。例如，當一群人若發現公車苦等不來，或者相互抱怨公車的服務品質，她們等於開始以「通勤者」之名進行團體的行動。只要人們開始以「通勤者」之名要求屬於「通勤者」的權利，開展屬於集體的目標，她們就不再是系列而是團體了。同理，女性主義若要訴諸「女人」以進行政治運動，就必須在系列的基礎上，建構起具有自覺目標的女性團體。

第二節　「女人」是政治論述的產物

一、對系列概念的檢討

以系列看待「女人」爲範疇是避免落入本質主義與普遍主義的一個出路，因爲系列並未以共同特質與共同認同看待「女人」。系列是鬆散的聚集，其聚集來源不過起因於成員的行爲關連至相同的物質客體，所以Young的解決方式可以說一方面保留了女人作爲群體或範疇的概念，同時又可避免本質主義的僵化。爲了能夠產生具有積極目標的集體行動，系列有可能發展成爲具有自覺意識的團體，如前所言，在系列情境的限制之下，有些女人選擇結合起來以推進政治運動，將自身建立成一個相互認同並擁有共同目標的團體，「女人」行動範疇因而得以產生。

儘管團體生成自系列，但Young特別強調在系列狀態時，個人認同並沒有被決定，且團體是否生成以及如何生成均無法事前預知。換言之，究竟哪些客體會發揮作用，以及什麼樣的認同會被凝聚、形塑出來，我們同樣無法事先得知。這是一個相當重要的主張，對「女人」作爲範疇的問題亦有重要的啓發。首先，系列概念提醒我們：認同與範疇的形成具有相當的偶然性。政治範疇的形成可能是在特定時點，由於特定事件的發生，系列偶然地成爲團體。稱其偶然，乃是因爲這些特定事件無法事前得知，只有在特定時空脈絡下，這些事件才能發揮凝聚意識的作用。

系列概念對我們的貢獻尙不僅於此。如前所言，在系列狀態時，團體是否生成並無法事前預知，可見並非每一個系列都會發展成爲團體。這個主張的重要性在於擺脫決定論（determinism）色彩，我們既無法在系列狀態預見團體的出現，更多的可能性也將被保留。同時，這個主張也未斬斷未來的可能性，系列同樣可能在未來的任一時刻發展成爲團體。換言之，在某個特定時點，系列可能失去了成爲團體的機會，但在未來的另外一個時點，系列概念仍然保留了系列發展成爲團體的可能。

儘管系列概念具有上述優點，但可惜的是，Young關於系列的討論僅只一九九五年的這篇文章而已，我們無法在現階段窺探Young對於系列概念的進一步發展。也正由於Young關於系列概念的討論並不多，就目前僅有的這篇文章來看，本書認爲Young的系列概念仍有許多不足之處。

首先，系列概念雖未斬斷系列發展成爲團體的可能性，但Young並未深究這個可能性如何出現。儘管指出系列發展成爲團體其實相當地偶然，可能是特定時點特定事件的運作，且有些女人選擇結成團體，有些女人不會形成團體，但是，與系列相關連的相同客體如何因特定事件的運作而具有政治意義？這個過程透過了什麼機制？女性主義是如何發現這些客體的？又是如何訴諸這些客體的？這些客體如何使得「女人」成爲政治上的行動範疇？這些都是Young並未回答的問題。

因此，本書認爲，Young的系列概念對於「女人」如何成爲政治行動團體的說明是不足的。如同上節所言，團體自系列中形成，只要系列成員開始出現凝聚意識，系列就成爲團體，但是，系列如何出現凝聚意識的過程則未獲強調。對這些問題的忽視正好顯示了Young的系列概念並未將焦點置於認同形成的過程。Young的通篇重點在於詮釋個人如何因相同客體而成爲系列，卻不是爲了解釋行動範疇或認同形成的複雜過程。然而，行動範疇的形成過程未獲強調的結果是，我們無法清楚瞭解不具政治行動能力的「女人」系列究竟透過什麼過程成爲一個政治團體範疇。換句話說，Young僅指出只有在出現凝聚意識時，系列才發展成爲團體，卻未探討意識凝聚的過程。意識凝聚的過程可能相當複雜，可能是在特定時點，特定事件的作用結果。那麼，事件如何發揮凝聚意識的作用？這中間究竟存在什麼機制？

系列概念的未盡之處尚不僅於此。同樣由於未對認同形成過程作進一步的探討，我們發現，以系列界定「女人」將可能產生更大的缺失。如前所言，Young主張我們無法在系列狀態預知認同是否生成以及什麼樣的認同會被形塑出來，然而，Young並未據此加以申論。相反地，儘管認爲系列並不一定會形塑出團體意識，並且假若形成了團體，我們也無法預先得知這個團體的任何形式，Young的分析卻很可能掉入下一陷阱：即認爲性別做爲系列，直接對應了「女人」作爲團體。本書之所以做出這項指控的原因在於：Young認爲團體認同形成自系列，而系列起因於相同的客體，那麼，「女人」從系列發展成爲團體的認同形成過程是否包括著與其他差異交互影響的面向？我們不得而知。事實上，認同形成的複雜正在於與其他差異的互動，其間具有很大的調節空間。不強調交互影響的結果可能是，僅重視屬於性別面向的客體，忽視其他因素對性別造成的影響。這是未對認同形成過程加以釐清的可能缺失。我們可以圖**4-1**說明Young認爲「女人」如何從系列轉變成爲行動團體的過程：

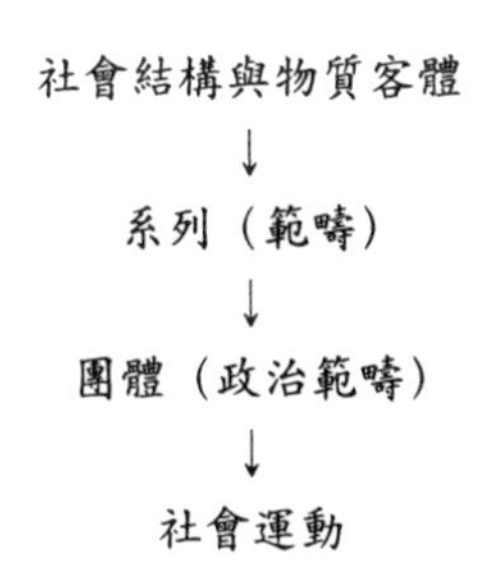

圖4-1　Young的系列概念

圖4-1顯示了系列概念隱含社會結構　系列，以及具有政治行動能力的團體之間是一種一對一的關係。然而，如果集體意識的凝聚需要某些機制的形塑，其間更有多重差異的交互影響，在形塑成爲團體的過程中，有沒有可能出現其他的名稱？「女人」系列會轉變成爲什麼團體？這個答案一定

是「女人」嗎？被形塑出的認同會不會比「女人」更爲多樣？而不是單單僅成爲「女人」團體而已？甚至不是「女人」？Young是否容許「有色人種女人」、「工人階級女人」等被形塑出來？如果答案是肯定的，是什麼樣的過程使得這些不同於「女人」的詞彙得以出現？這些問題顯示了認同形成是相當複雜的過程，不是一句偶然性就可以打發了。不僅如此，也由於未對認同形成過程有進一步的探討，系列概念彷彿認爲所有的認同選項都可以在系列這個層次裡找到，那麼，有沒有新認同、新範疇出現的可能？

正因爲沒有明白指出這層可能，Young關於認同形塑的主張其實太過簡單。許多批評者指出，集體意識的出現是一個複雜的過程，可能創造出許多超越既定範疇的認同。Chantal Mouffe即持此種主張（Mouffe, 1993: 83-6）。她認爲，由於集體認同的形成十分多樣，Young所未進一步討論的認同形塑過程反當成爲女性主義理論的焦點，女性主義應當進一步探討使「女人」成爲政治範疇的複雜過程。

現在，讓我們重新回顧Young所提必須概念化「女人」爲群體的兩項理由。首先，Mouffe等其他理論家均贊同Young認爲必須尋求一種不同於自由主義角度的政治觀，但卻不支持以差異政治的概念取代自由主義。對Mouffe而言，保留「女人」作爲範疇的原因並不在於給予各種範疇差異的公民權利，因爲所謂給予差異的公民權利其實可能僵固了範疇之間的流動，Mouffe認爲，所有的範疇都應不斷地重複下一過程——即不斷地被建立，而後又不斷地被轉化或重塑。本書將於下文指出，Mouffe一方面肯定範疇或群體對個人經驗、能力的重要性，另一方面卻也特別強調範疇或群體全然爲政治論述所建構。也正由於政治論述的建構性成分，範疇與群體的流動性及非僵化也將更獲強調。

其次，對Mouffe而言，儘管其與Young一樣，均同樣認爲女性主義必須成爲一個特殊的政治運動，但她卻進而強調女性主義絕非一個與其他運動毫不相干的獨立的政治運動。女性運動必須保留自身的自主性與獨特性，但「女人」作爲一個範疇，卻不能忽視與其他差異不斷的相互影響。從多重交錯差異的複雜性裡我們得知，「女人」是與其他範疇交互影響的。女性主義運動必然不是一個單獨的運動，而是受到其他運動，例如，同性戀運動、反種族歧視運動等的影響，其內涵也將因影響程度與面向的不同而產生差異，這就是爲什麼女性主義不應以大寫名之，而是小寫複數的原因之一。

二、結構位置與主體位置

由於Young的理論具有上述難以掩飾的不足，系列概念並非重新看待「女人」爲範疇的良好出路。從對系列概念的批評中我們得知，九〇年代英語世界女性主義正逐步將焦點轉向至形塑「女人」範疇的複雜過程。那麼，如果差異與身分並不是由「客觀的」（objective）特徵或社會位置、社會結構所決定，範疇與認同如何形成？如前所言，只有在特定時空脈絡下，某些特定事件可以發揮凝聚意識的作用。事件如何使得「女人」成爲政治行動範疇？是什麼機制發揮認同形塑的作用？這個複雜的過程究竟如何產生？

Nancy Fraser指出，反本質主義的女性主義多數認爲，差異與認同是言說形構的建構結果（discursive constructions）。藉由文化過程與言說的宣稱與推敲，差異被表演出來，它們並不先於這些過程而存在。原則上，這些認同與範疇有可能被形塑成他種樣態，產生不同的結果（Fraser, 1997: 182）。如果把這個看法拿來補足系列概念未盡之處，差異與認同等於是透過詮釋（interpret）系列的內涵，亦即詮釋圍繞著系列的物質客體與結構究竟具有何種意義而來。因此，系列概念所認爲「女人」這個政治範疇關連至某些相同的客體，不過也是女性主義的詮釋結果。女性主義經由對「女人」做出詮釋，「女人」一詞實際上是女性主義運動的產物。換言之，女人作爲範疇，與女性主義的結盟運動密切相關，除非透過各種社會、歷史、政治、經濟、文化的建構，「女人」不可能成爲一個範疇（Fuss, 1989: 35-7）。換言之，結盟的經驗建立了「女人」，透過詮釋，「女人」在某一個特定時點裡達到了暫時的統一性。

女性主義政治運動透過什麼機制建構起「女人」這個範疇？本書認爲，Chantal Mouffe與Ernesto Laclau所開展的論述理論（discourse theory）可以提供我們一個極佳的解釋。[5] 對Laclau與Mouffe而言，正是論述回答了這個問題。論述（discourse）一詞並非Laclau與Mouffe所創，在她們二人之前，Antonio Gramsci就已指出，政治論述影響了利益的形成，並在社會結構的再生產過程中扮演重要角色。對Laclau與Mouffe來說，認同的建構性成分遠比Gramsci等馬克思主義理論家所想像的還要多。她們指出，認同全然爲論述所建構，論述先於認同的形成（Smith, 1998: 56）。儘管論述先於認同，Laclau與Mouffe並不認爲認同建構的過程是一個所有事情同樣可能、所有位置都具同樣價值的戲局。她們強調，認同建構的策略必須在特定脈絡內開展（Laclau & Mouffe,

1985: 149-94）。

爲了解釋認同的形成爲何一方面會受到特定脈絡的限制，另一方面又全然爲論述所建構，Laclau與Mouffe認爲應將結構位置（structural positions）與主體位置（subject positions）做一區分（Laclau & Mouffe, 1985: 11-2）。以階級爲例，Laclau與Mouffe承認，在資本主義社會中，並未擁有生產工具的人將可能成爲「工人」，也就是說，由於受制於那些先於她個人意志的力量，個人被結構性地置於社會階層之中。這些社會階層就是結構位置。結構位置形塑了個人的生活選擇，它們把她置於一個相對穩定的權力關係脈絡裡，而這個權力關係則形塑了物質資源的分配。所以，個人並未擁有完全的選擇，她們經常感到自己「總是已經」被放置在結構情境之中（Smith, 1998: 56）。

這些結構位置就像是Young所稱的系列，但認同與政治範疇的建構卻必須經歷主體位置的形塑。結構位置限制了認同建構的脈絡，然而，沒有人能夠以直接且無媒介的方式體驗自身的結構位置。Laclau與Mouffe理論的著名詮釋者Anna Marie Smith指出：「只有透過政治論述，我們才可以體驗到自己是如何被放進社會結構裡」（Smith, 1998: 57）。Smith藉由精神分析（psychoanalysis）語彙以解釋論述在這個過程中的作用，即論述提供了一個想像架構（imaginary framework），使我們得以解釋我們所處的象徵秩序（symbolic order）。她說：

> 個人對己身結構位置的認識——她在結構位置裡的生存方式以及對它們的回應——不僅是結構位置本身的形塑結果，更起因於她經歷結構位置的這個主體位置（Smith, 1998: 58）。

因此，主體位置是論述經由詮釋結構位置具有何種意義而來。至於哪種詮釋會成爲主要的詮釋，這個過程具有相當的偶然性。雖然有些論述看起來比較容易成爲主宰的解釋架構，但是沒有任何一個特定的論述可以保證打敗其他的競爭對手。

據此，Laclau與Mouffe架構起一個非本質主義的認同理論。她們批評本質主義忽視政治論述的構成角色，以爲個人擁有一個「本眞的」（authentic）利益，且這個利益直接起源自她的結構位置[6]（Smith, 1998: 58）。殊不知結構位置的形成本身也具有相當的偶然性，因爲結構位置的意義也是先前論述的產物。在本質主義的認同概念下，遭受性別歧視的女人被認爲具有一個參與女性主義鬥爭的本眞利益，如同無產的工人被認為具有一個參與社會主義鬥爭、推翻資本主義體系的本眞利益。假若個人行動未能符合這個推定的本眞利益，例如，工人投票給保守黨、女人拒斥女性主義、少數民族反對防止種族歧視政策（affirmative action），本質主義的診斷就是把責任推向虛假意識（false consciousness），認為她們是被虛假意識給控制住了，她們需要一個堅定的領導者引導她們走出虛假意識、迎向自己本眞的利益（Smith, 1998: 58）。

將問題癥結推向虛假意識的說法等於假定我們擁有一個獨立於政治論述之外的客觀位置，也由於擁有這個客觀位置，我們可以區分何謂客觀利益，何又謂錯覺（Smith, 1998: 58）。然而，Laclau認為，不可能存在一個虛假的（false）主體位置，因為也沒有任何本眞的主體位置，工人具有基進認同而非保守認同的原因不過只是政治論述的介入結果（Laclau, 1990: 9, 16）。因此，認同並不直接導源自結構位置，「那些原本僅是結構承擔者（bearers, Träger）的個人（individuals），必須透過意識型態[7]（ideology）的轉化才能成為主體（subjects）」（Laclau, 1977: 100）。對Laclau來說，我們可能僅因共享的結構位置而將某些個人看成是一個聚集，但這只是理論的範疇而已，並非執行具體實踐的政治行動範疇。比如在馬克思主義中，我們使用經濟範疇——資產階級

／普羅階級——以描述資本主義的生產關係，雖然這些結構的「承擔者」有可能成爲實際的政治行動者（Laclau, 1977: 163），但眞正成爲實際的行動者卻有賴政治論述的介入。

三、對抗關係的產生

由此可知，主體位置與結構位置之間的關係相當複雜，社會結構限定了個人的生活選擇，並且，是這些結構位置而非她的自由意志，形塑了她生活中的各項際遇。然而，個人體驗自身生活的方式，經常會有政治性的介入。透過某些政治論述，一個人的結構位置可能在特定時點變得前後一致（becomes coherent）（Smith, 1998: 57），主體位置因而出現。

對Smith來說，主體位置就是一個「認同」，因爲主體位置涉及一組信念的整體，透過這些信念，個人可以對己身結構位置做出解釋與回應。個人透過主體位置以體驗自身的結構位置，由於主體位置是政治論述的詮釋結果，主體位置必然至少應與另一個時空裡的另一個人發生關係才能獲得意義。這個發生關係的過程是一個動態的過程，由於與他人不斷發生關連，他人對主體位置的詮釋必然會對原有主體位置產生影響。換言之，主體絕不是與他人無涉的獨立的個別主體，主體位置之間不但是相互影響，更是交錯影響的。正是在這層意義下，個人成為社會行動者。透過實踐，個別主體相互聚集以建立某種集體的社會行動——例如，社會運動，並且，只有在特定時刻，當她們在相互影響、協商、調節的過程中，逐漸建立起一個共享的共同主體位置或認同——亦即對己身結構位置擁有共同的詮釋，這個社會行動對個別的主體才有意義。所以，只有認同，而非共同的結構位置，可以作為政治團結的原則（Smith, 1998: 61），也只有如此，「女人」才得以成為具有行動能力的範疇[8]。

成為具有行動能力的範疇意味著，原先被認為是非政治的社會關係，現在卻可以成為爭論與對抗的場域，可以被導向政治動員（political mobilization）（Mouffe, 1993: 78）。對Laclau與Mouffe來說，認同與範疇需要政治論述的形塑，而政治論述則與社會運動的實踐過程息息相關。所以，運動主體是由運動推動者的論述所建構出來的。只有透過論述，主體才可能出現。換言之，是社會運動創造了認同，而不是認同創造了社會運動（Laclau, 1990: 233）。由於認同是在社會運動的過程中建立起來的，認同並非立基於穩定的必然基礎，認同的流動性（fluidity）及非僵化也將更獲強調（Laclau, 1990: 234）。不同的社會運動各自以不同的方式建構自身的認同，所謂認同，實因社會運動的具體脈絡而定。不僅如此，認同是否出現同樣必須視社會運動的具體脈絡而定。在互動的過程中，「女人」認同有可能不會出現，因而也就找不到「女人」這個範疇，可見論述理論不但反對認同的僵固，亦未預設「女人」一定要有答案。但另一方面，「女人」範疇也有可能因爲另一種互動的情境而出現，因爲互動過程包含了多樣的可能性。

這個看法顯然與傳統認同理論不同。傳統認同理論假定認同在社會運動起始之前就是既定的，因而也是穩定的，所以社會行動者可據這些認同以開展社會運動。然而，Laclau指出：

> 社會抗爭在起始之際並無明確目標，卻是在抗爭過程之中建立並轉變目標（Laclau, 1990: 230）。

社會抗爭既是在過程之中建立目標，對臣屬情境的抗爭就不可能純粹起源自臣屬情境本身。臣屬情境可以被看成是一種結構位置，Laclau與Mouffe認爲，只有在某些情況中，直接針對剷除臣屬關係的抗爭才得以出現。她們指出：

> 我們的核心問題是：識別出那些使集體行動得以出現的論述條件，以奮力對抗不平等並挑戰臣屬關

> 係。我們的任務就是要識別出以下條件，在這些條件中，臣屬關係可以轉變成爲壓迫關係，從而使本身成爲一種對抗的所在（Laclau & Mouffe, 1985: 153）。

這段文字顯示了幾個重點。首先，Laclau與Mouffe宣告了「臣屬」（subordination）、「壓迫」（oppression）等二個字已不再是同義詞。她們指出，將二者當作同義詞的原因顯然是假設我們可以先驗地決定主體的本質，而那些否定主體本質的臣屬關係就會自動地變成壓迫關係。然而，如果我們拒絕這種本質主義的觀點，我們就必須將「臣屬」與「壓迫」區分開來，並說明臣屬關係轉變成爲壓迫關係的明確條件。

臣屬關係與壓迫關係的相異之處在於，臣屬關係係指某一行爲者臣服於他人的決定之下，例如，受雇者與雇主之間的關係，以及某些家庭組織內男性與女性的關係。另一方面，壓迫關係則是那些已經將自身轉換至對抗（antagonism）位置的臣屬關係。因此，壓迫關係是從臣屬關係中所建構，然而，臣屬關係並不會自動地轉變成爲壓迫關係，因爲臣屬關係本身並不能被看做是對抗的關係。臣屬關係僅僅建立起社會行爲者各自的不同位置，未必一定指向對抗與鬥爭。對

Laclau與Mouffe而言，「奴隸」等詞彙並沒有標示出對抗的位置，只有透過政治論述的形構，例如，「天賦人權」等論述，社會行爲者當前的位置才可能被翻轉，臣屬關係才可能被建構成爲壓迫關係（Laclau & Mouffe, 1985: 153-4）。

因此，在Laclau與Mouffe眼裡，法國大革命具有難以替代的關鍵地位。法國大革命的人權宣言內容，也就是Tocqueville所稱的平等原則，宣告了階層社會的結束。[9]也只有從此開始，談論民主革命（democratic revolution）才有意義。誠如Hannah Arendt所言：「正是法國大革命而非美國大革命，才使得世界激動起來。」平等原則引進了眞正新的東西，因爲它是把政治的正當性建立在除了人民之外別無他處的第一次革命。法國大革命因而不是一個轉變時期，它是一種起源，是民主的首次經驗（Laclau & Mouffe, 1985: 155）。在法國大革命將平等原則確立之後，透過民主論述（democratic discourse），多樣的臣屬關係被建構成爲壓迫關係，以平等爲訴求的政治行動範疇才得以出現。所以，對於抵抗壓迫的政治鬥爭而言，臣屬關係雖是必要條件，卻不是充分條件（Torfing, 1999: 257）。只有在面對民主論述關於自由平等的要求，當民主論述可以清楚地表達出（articulate）對臣屬關係的不同形式的抵抗時，對不平等進行抗爭的條件才可能存在。

據此，Laclau與Mouffe指出：「如果在幾個世紀之中，女性對男性宰制的抵抗具有多種形式，那麼也只有在某些特定條件與形式之下，要求平等（首先是法律之前的平等，其次是其他範圍的平等）的女性主義運動才得以出現」（Laclau & Mouffe, 1985: 153）。以英國女性運動為例，Mary Wollstonecraft於一七九二年出版的《維護婦女的權利》（*Vindication of the Rights of Women*）一書具有關鍵性的作用。這本書透過將民主論述從公民之間的平等移轉至性別之間的平等，確立了英國女性主義的誕生（Laclau & Mouffe, 1985: 154）。因此，「女人」之所以能夠成為一個以平等為訴求的政治行動範疇，乃是由於透過民主論述內有關自由與平等的語彙，「女人」進入了對抗關係的位置，「女人」這個行動者因而可說是在行動的過程之中建構起來的。

註釋

1 這些理論問題包括：什麼是女人的本質？什麼是女人不能化約至階級的社會位置？男性宰制的源頭是什麼？……等不一而足。

2 Young特別指出，比之於整全性理論，實用性理論並不必然較不複雜或較不精緻。

3 這兩點理由是否可以作爲重新詮釋「女人」爲範疇的充分理由，本書將於下節以及第五章詳加討論。

4 關於Young所主張之差異政治，本書將於下章評論其優劣。

5 Laclau與Mouffe的論述理論應當被歸類爲後馬克思主義而非女性主義，然而，一方面由於Mouffe曾以論述理論置喙女性主義（Mouffe, 1993），另一方面，由於許多九○年代英語世界女性主義者均支持Laclau與Mouffe所開展的基進民主觀點，例如，Fraser即指出，許多企圖建立一個可行的多重交錯差異方案的女性主義者們，均漸趨轉向於基進民主的理論建構（Fraser, 1997: 181），因此，本書認爲，以Laclau與Mouffe的論述理論說明九○年代英語世界女性主義以何種方式看待「女人」是相當適當的。

6 這個批評起源自對馬克思主義的批判。Laclau與Mouffe指出，傳統馬克思主義並沒有區分結構位置與主體位置的不同，更遑論主張結構位置不能直接導出主體位置。在〈共產黨宣言〉（Manifesto of the

Communist Party）裡，Marx與Engels宣稱資本主義社會必然將分裂爲相互對立的兩極——資產階級與普羅階級。由於這兩個階級與生產工具之間的關係不同，他們自然會追求相應於自身階級的利益，最終也將引發階級大戰。因此，Marx與Engels並不認爲結構位置與主體位置之間有何不同，因爲每一個社會行動者的存在都是經濟結構位置所決定。儘管如此，Smith指出，Laclau與Mouffe卻在〈共產黨宣言〉裡讀出了政治介入（political intervention）的重要性。由於對Marx與Engels來說，爲了爲普羅階級創造革命的情境，最終仍需共產黨人的領導，因爲只有共產黨人才能爲工人運動規劃出最進步的利益，因此，Laclau認爲，儘管Marx的論述具有強烈的決定論語調，他仍承認，在使普羅階級發展成爲一個具有革命取向的階級時，總是需要某種形式的政治介入。所以，革命的認同並不直接導源自結構位置的存在，而是產生自一個相當複雜的過程。正是見到其間政治介入的建構角色的重要性，Laclau特別將其提出來以作爲理論的核心（Smith, 1998: 62）。

7 這段文字是Laclau對於Louis Althusser意識型態概念的詮釋。Laclau隨後以「政治論述」一詞取代這裡所提的「意識型態」。參見Smith（1998），頁60。

8 這個複雜的過程就是串謰（articulation）的過程。下章第一節對此將有詳細的說明。

9 在階層社會之中，社會被看成是每個人都被固定在各自立場上的一個整體。這是一種全體主義的（holistic）社會制度，在這種全體主義之下，政治只是階層關係的不斷複製（Laclau & Mouffe, 1985: 155）。

第五章

九〇年代英語世界女性主義的政治觀

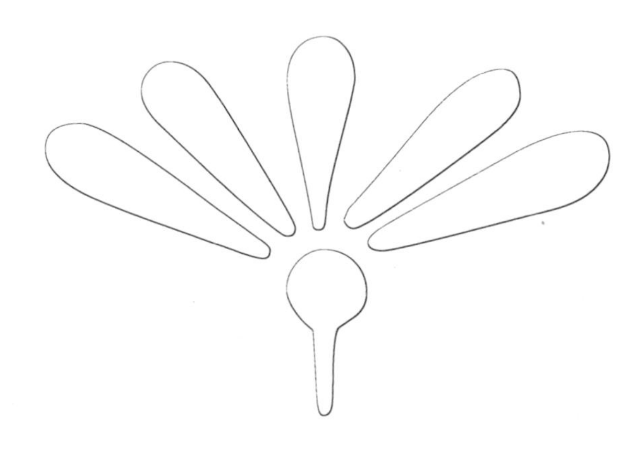

對論述理論而言，「女人」之所以成爲行動範疇，乃是政治論述的介入使然。「女人」並不起因自任何共同特質或本質認同，甚至也不是社會結構所單純決定。持這類看法的女性主義者因而認爲，「女人」並不是女性主義的起點，相反地，女性主義反而應將「女人」是否以及如何出現的形塑過程當作理論的核心，看成是女性主義可以施力的重要場域。女性主義並不需要一個先於政治過程的「女人」存在，並預設此爲女性主義所有行動的起點，女性主義的工作應當是透過援引民主論述，在建構「女人」此一範疇的過程中進行鬥爭，並將「女人」形塑成爲對抗關係的所在。這是支持論述理論的女性主義與關心平等vs.差異之辯的女性主義最大的不同。

不僅如此，我們可據上述立場導出並解讀二者相異的政治觀。從「女人」作爲範疇的問題出發，我們不難發現，論述理論對於政治的看法顯然迥異於差異女性主義對於理想政治的規劃。如同第二章所言，差異女性主義以共同生理事實、共同母親角色，以及共同情感特質、共同道德倫理宣稱「女人」是一個不同於「男人」的範疇，在這個觀點之下，「女人」可說是先於政治而被定義。由於「女人」範疇的建構與政治無涉，且女性特質又優於男性特質，在面對政治領域的檢討時，差異女性主義很自然地主張應以「女性中心」的觀點改良政治生活，促使女性特質成爲政治領域的指導原則。可見差異女性主義的政治觀乃立基於先於政治的「女人」概念。

這個看法到了論述理論等於完全被推翻。對論述理論來說，「女人」是政治論述的產物，不先於政治過程而存在，因此自然不能同意差異女性主義預設女性特質的政治觀。差異女性主義以「女人」之眼看待政治，論述理論卻認爲「女人」正是在政治過程之中建構起來的。對支持論述理論的女性主義者來說，只有透過政治力量的建構，「女人」才成爲範疇，因此，她們對政治的看法並非在於以女性特質改良政治生活，而是將政治看作是建構新認同的過程。各種不同的臣屬關係在進入政治領域之後被建構成爲壓迫關係，政治並不是反映預先存在的群體利益。在這種界定之下，「女人」作爲範疇的問題可說與論述理論對於政治的看法相輔相成。本章即從論述理論關於「女人」作爲範疇的看法出發，探討支持論述理論的女性主義者的政治觀。

第一節　基進多元的民主

一、對差異女性主義政治觀的批評

如前所言，支持論述理論的女性主義者認爲「女人」並不是先於政治之前的共同特質的集合名詞，而是政治論述的產物。對她們來說，「女人」並不是先於政治的範疇。對於此一觀點，差異女性主義者仍不免憂心：假若女人作爲女人的存在基礎受到動搖，會不會使得女性主義的所有主張（如政治主張）均不再可能？這個憂心可以Kate Soper的一段文字爲例。Soper曾言：

> 女性主義，如同其他政治理論一般，總是隱含著連帶的概念。女性主義可說是一立基於團結一致與姊妹情誼之上的運動，團結的基礎不外乎「同一性」與成爲女人的「共同理由」（"common cause" as women）。如果同一性受到挑戰，使得女性特質不具有任何「存在」（presence），「女人」此一詞彙也就喪失了直接的指涉。除了個別情境裡的許多個別女人之外，沒有其他具體的內涵。在此情況之下，

> 早期女性運動[1]的核心關懷，即根據女性特質建立政治社群的理想，就不攻自破了（Soper, 1990: 13）。

這段文字說明了差異女性主義對於「女人」喪失具體內涵的憂心。對差異女性主義來說，女性主義應以女性特質重新檢視政治生活，並致力使女性特質成爲政治領域的指導原則。這是差異女性主義對於未來藍圖的規劃。一旦「女人」無法先於政治而存在，這個對於未來理想的規劃勢將崩解，女性主義對於政治還可以有什麼期許？

對差異女性主義而言，憐憫的政治以愛、照顧等特質取代政治領域原有的暴力特質，在加入母性思考之後，政治領域變得可以更加地人性化，也更加地適合兩性同時生存，因此，憐憫政治可以稱得上是一種完美理想之境。然而，在論述理論看來，由於憐憫政治僅僅指出理想之境究該如何組成，並未說明新認同挑戰的空間，上述差異女性主義關於未來理想的規劃，與烏托邦理論（utopian thought）並無二致。Laclau 指出，烏托邦理論與論述理論的理想甚爲不同。論述理論可以被看成是一種反烏托邦的理論，它們的相異之處可從下列二點看出。

首先，Laclau 指出，二者之間明顯的不同就如同「烏托邦」（utopia）與「迷思」[2]（myth）概念的不同（Laclau, 1990: 232）。烏托邦是對未來社會積極夢想的規劃，認為在未來社會裡，對抗關係將可能完全消失，人類也將臻於理想之境。然而，在 Laclau 看來，對抗關係不可能完全消失，烏托邦因而是一個與實際抗爭完全無關的社會模型，它只是知識分子的建構，根本無法為一般大衆所瞭解。相反地，迷思這個概念卻認為，大衆的認同是在實際抗爭過程之中形塑出來的。對論述理論來說，認同正是被虛構起來的（constituted mythically），只有透過多樣社會迷思的不斷生產，認同才得以出現，論述理論的行動力也才得以成立。所以論述理論的焦點在於認同形成的過程，要在認同形成的過程中進行抗爭，而非具體社會藍圖的終極規劃。

烏托邦理論與論述理論的第二個差別在於，烏托邦是一個封閉的體系，但論述理論卻強調新認同的不斷建構與重塑（Laclau, 1990: 232-3）。換句話說，烏托邦理論希冀尋找一理想世界以將所有不平等畢其功於一役地掃除，論述理論卻認為新的認同與新的對抗關係必須持續不斷地被建構起來。對 Laclau 而言，烏托邦理論以為臻至理想之境後，新的認同就不會再出現，新的對抗關係也無由產生，這是將理想社會圈化為封閉的體系。Laclau反對以封閉體系規劃未來，他認為，正是論述理論對認同與範疇的嶄新認識，才使得解放的可能性更加多樣。解放的多樣性開啓了更多的民主，豐富的民主要求亦將雨後春筍出現（Laclau, 1990: 225）。Laclau的這個想法對女性主義的貢獻是，女性主義不必再找尋烏托邦以規劃理想政治，她們對於政治的看法因而也就不必再以為以女性特質指導政治領域就可以達至完美理想之境，而是代之以對「政治」的重新定義，也就是使政治成為開放的體系，可以包含更多不斷產生的認同與範疇。

因此，隨著「女人」作為範疇概念的轉變，女性主義對於何謂政治的看法亦有所轉變。差異女性主義強調打破公私劃分，認為政治領域不能獨立於私領域之影響，論述理論則將政治擴大解釋為所有抵抗不平等抗爭的行動。在Laclau與Mouffe看來，所謂「政治」，並不必然被限制在政黨與國家的層次，也因此，所謂具有「政治性格」，並不限指對國家或政黨提出要求，而是指一種行動，且這個行動的目標在於「從臣屬關係之中建構起主體以轉變當前的社會關係」。

據此，Laclau與Mouffe認為，政治是創造、生產，並轉變社會關係的實踐，雖然她們從未否認某些女性運動的實踐就是需要政黨或國家的介入[3]，但社會生活的各個面向都應成爲政治化的領域（Laclau & Mouffe, 1985: 152-3）。

二、相等與串譴

將政治看成是建構主體以抵抗多樣不平等關係的立場不但與差異女性主義烏托邦式的政治觀不同，同樣也與另一烏托邦理論——馬克思主義不同。Laclau與Mouffe所開展的論述理論，原本即是針對馬克思主義的批評而來。她們指出，傳統馬克思主義的階級決定論將階級鬥爭當作其他社會變革的基礎，不但簡化了社會關係的複雜性，更使新認同的建構毫無可能。對Laclau與Mouffe來說，社會關係並沒有一個統一的基礎原則，社會事實更不能被假定具有任何的最終基礎（ultimate foundation）（Laclau & Mouffe, 1985: 176-8），傳統馬克思主義錯誤地將資產—普羅的關係看做社會運行的基礎原則，將階級鬥爭置於先驗地位，阻礙了新形式對立與抗爭的出現。只有當工人階級不再具有先驗地位，其他不平等關係才得以被發現，臣屬關係的多樣性才可以被理論化，新興社會運動（news social movements）的空間也才有可能。

多樣的運動可能在階級關係的先驗位置被解構之後出現，爲了能夠一方面保留「範疇」與「認同」的概念，另一方面又不致於使「範疇」與「認同」僵固下來，不再具有轉變的可能，Laclau與Mouffe強調政治認同必是在自由民主的論述過程中建構出來的，它們並不對應任何本質性的內涵。換言之，政治論述賦予主體抗爭力量，使她們開始對自己的生存狀況有所理解。所謂政治運動創造政治認同，這是一個動態的過程，Laclau與Mouffe將這個過程名之為「串譴[4]」（articulation）。對Laclau與Mouffe而言，認同完全是在串譴的過程之中建構起來的，認同是串譴實踐的結果（Laclau & Mouffe, 1985: 105）。何謂串譴？Laclau與Mouffe說：

> 我們所稱的串譴，係指在組成因素之間建立起關係的任何實踐，因此對認同的內涵做出修正（modify）是串譴實踐的結果。由串譴實踐所產生的結構整體，我們稱之為論述。在論述裡完成串譴的各種差異位置，我們稱之為環節（moments）。相反地，所謂組成因素（elements），則係指尚未形成論述串譴的各種差異（Laclau & Mouffe, 1985: 105）。

每一個串譴的組成都是兩個或更多組成因素之間的結合與轉化。被串譴的組成因素之間既非必然關係，亦非純粹偶然關係。它們不必然會接合在一起，它們之間屬於「事實上的偶然關係」。「事實上的偶然關係」意味著不同部分需要實踐才能串謰在一起（因而是事實上），而被串謰在一起的部分仍然可以被「解串謰或反串謰」而不再一起（因而是偶然）關係（機器戰警，1991：8）。

這就是認同形成的過程。認同的形成並不直接起源自先於政治之前的利益，而是透過串謰的過程。Laclau與Mouffe指出，在實際的政治情境裡，認同的形成總是多元決定的（overdetermined）。多元決定的情況不只起因自認同形成因素的多元與複雜，也意味著認同是那些不可化約的（irreducible）主體位置之間交互影響的產物。由於主體位置的意義總是透過與其他主體位置的不同關係而建構起來，且新的不同關係仍會對其內涵產生影響，每一個認同都有不穩定的潛在可能（Smith, 1998: 88）。所以，主體的意義從未完全被固定，每一個主體位置的意義都與其他主體位置的意義相關，各種主體位置可以說是在不穩定的言說形構裡被建構起來，並總是保持著改變的可能。不僅如此，串謰的方式可以有許多種，主體臣服於不同的串謰實踐，而這些串謰實踐又不斷地推翻它、轉化它（Mouffe, 1993: 78），這就是爲什麼沒有任何認同的內涵可以完全固定不變。

串謰的複雜性尚不僅於此。如同上章關於主體位置與結構位置的區分，論述理論並不認爲主體位置的建構是任意的，相反地，它受到結構位置的限制，使得主體位置的建構不是一個所有選項都一樣可能的建構。所以，在認同形成的過程中，串謰的組成因素並不是任意的組成因素，因爲結構位置在串謰的過程中扮演了限制的角色。不僅如此，範疇的建構並不僅僅是各個不同的個人，在當下任意地進行串謰，相反地，這些參與範疇建構的個人，雖然僅僅在當下進行互動，但是在進入當下互動過程的同時，她們本身早已帶有過往群體經驗的色彩（當然，這個過往的群體經驗也是先前政治論述的產物）。換言之，被串謰的個體，在進入串謰情境以前，可能都具有強烈的歷史經驗層面，雖然這些先於當下串謰情境的歷史經驗並非本質，它們也是過往串謰的結果，這些歷史經驗卻會被帶進現在的串謰情境，所以串謰並非當下任意的行爲，而是一方面與當下的其他個體進行協商，另一方面卻也不斷地與過去的歷史對話。因此，任何一個串謰的出現都不是輕易的與任意的，它們包含著當下的互動，也包含著過往、傳統以及文化、結構之間的複雜情感，使得串謰必然是與過往的歷史經驗、結構位置交互影響的，因爲對論述理論來說，去歷史化的範疇建構絕不能容許。[5]

另一方面，所謂認同是串謰實踐的結果，不僅意味著串謰實踐可以改變認同本身的意義，若就整體社會的層次而言，串謰並不僅指「意義的串謰」而已，還指涉了運動之間的結盟關係（陳俊榮，2000：173）。這就是基進民主理論（radical democratic theory）的核心內涵。

基進民主並非與自由民主全然對反的概念。事實上，基進民主理論必須重拾自由民主[6]與社會主義最進步的面向，強調公民的自由與個人的自決與自我發展（Smith, 1998: 31）。Laclau與Mouffe曾言：

> 左派的任務不是要拋棄自由民主的意識型態，而是應該在朝向基進多元民主的方向下，深化並擴大自由平等的原則（Laclau & Mouffe, 1985: 176）。

與自由民主及社會主義不同的是，基進民主所重視的平等，不只是可供自我發展的物質資源，更在於社會、文化、政治、經濟決策過程內平等而有意義的參與。因此，對於現有國家結構與社會制度的檢討，基進民主強調必須對權力進行重新分配，劃除所有制度化不平等關係的既有結構，包括：資本主義的剝削、性別歧視、同性戀恐懼症與種族主義……等（Smith, 1998: 31）。

這種將所有不平等納入政治過程加以推翻的觀點，必須預設一個不受國家干預的活絡的公民社會（Smith, 1998:

33）。不僅如此，Laclau與Mouffe認爲，傳統社會主義的目標必須與自由主義的制度相結合（Mouffe, 1993: 90），也就是將社會主義的目標重新植入多元民主的架構之中。二人將此結合社會主義與多元民主的新架構稱之爲基進的多元民主（radical plural democracy）。她們說：

> 只有當主體位置不再被認爲是絕對的（positive）與單一的基礎原則，多元主義才可以是基進的。多元主義是基進的，只有在下一情況下才有可能：當每一個多元的認同，都在自身內部找到屬於自身的妥當性原則（the principle of its own validity），不再企圖在任何超越性與基本性的基礎之上，尋求關於它們的所有意義層級以及正當性的來源與保證。並且，這個基進的多元主義之所以是民主的，只有當每一個自身的構成成分，都是平等主義想像的置換結果（Laclau & Mouffe, 1985: 167）。

這段文字明白顯示了基進多元民主的反本質主義立場。主體的認同絕不能依恃單一與絕對的原則，認同的形成是串謰的結果，唯如此得以稱「基進」；同時，由於串謰過程具有多樣的可能性，階級已非唯一的差異，新的認同將不斷地出現，唯如此得以稱「多元」；至於這個過程之所以爲「民主」，乃是因爲這些認同均服膺法國大革命所揭示的平等原則[7]，致力於不平等關係的剷除，是民主革命的組成部分。

爲了剷除所有形式的不平等，不同形式的抗爭經常選擇聯合起來以壯大聲勢，然而，許多社會運動理論常常爲了使不同的民主運動達到有效的團結，卻強化了同化作用，導致個別民主運動喪失了自主。Smith 指出，錯誤的聯合會限制社會運動的民主潛力，因此，Laclau 與 Mouffe 致力尋求一種新的政治策略，既可以達到聯合，同時亦能保留自主，也就是將兩個看似矛盾的目標──聯合（unity）與自主（autonomy）結合起來（Smith, 1998: 32）。在論述理論的概念裡，這個新的政治策略就是串譴，只有以串譴的方式聯合不同面向的運動，聯合不同運動的目標才可能與保存自主的目標相容。

在聯合不同民主運動的過程中，一個具有領導作用的抗爭可能出現，Laclau 與 Mouffe 稱其爲基進民主裡的節點（the nodal point）。節點雖具領導作用，但不是不受其他抗爭影響的主宰抗爭，因爲即使節點產生，領導的抗爭也深受其他抗爭的影響（Laclau & Mouffe, 1985: 112-3）。換言之，在與其他抗爭的協商過程中，節點自身的哲學體系、計畫，以及策略，也就是它的認同，都會在這個過程中被重新改造。誠如Smith所言：

> 沒有任何抗爭可以將己身的需求強加於他人之上。每一個抗爭都必須自他人之處學習——它必須和他人分享政治價值與方法，參與共同的策略，同時，當它接觸到其他進步抗爭的民主要求時，它會改革自身的認同——它也必須繼續發展自身獨特的世界觀，並追尋自己的目標（Smith, 1998: 32）。

因此，在與其他抗爭相互學習的民主過程中，每一個民主抗爭都會持續不斷地重構自身的認同。這個過程與利益團體之間的結盟並不相同，因爲利益團體的結盟並未重視其間的相互學習，並且，串謰的過程是偶然性的協商，協商將可能產生暫時性的團結，新的混雜的認同（new hybrid identities）也有可能在相互影響的過程之中不斷地被創造出來（Smith, 1998: 32）。

Laclau與Mouffe認爲，政治領域總是存在著不同的論述試圖將不同的立場串謰起來，儘管主體位置之間不具有任何先驗與必要的連結，但這並不表示我們不可以在它們之間建立起歷史的、偶然的與易變的連結（Mouffe, 1993: 78）。一且許多不同的主體位置聚集起來以對抗另外一個陣營，它們自身的意義就會被重疊的認同所影響，也就是會被那些共同接受的信念所轉化，這時我們可以稱它們已經被串謰進「相等的鎖鍊」（chain of equivalence）（Laclau & Mouffe, 1985: 127-9）。

所謂「相等」（equivalence），乃是針對傳統馬克思主義將階級鬥爭置於先驗位置的立場而發。Laclau與Mouffe認爲，唯有破除此一基礎主義的想法，主張不同認同之間的意義是相等的，多樣的政治認同才得以出現。由於意義相等，不同認同可以進行連結，這就是聯合不同面向的運動，亦即串謰的另一層意涵——在實際政治行動中串謰各種不同的主體立場與運動目標。透過論述實踐，不同部分串謰在一起，在實際行動中擴大不同面向的鬥爭之間的相等鎖鍊（Laclau & Mouffe, 1985: 176），在社運主體之間建立自主、平等的結盟。

Smith以九〇年代中葉，美國加州關於防止歧視的積極政策（affirmative action）的爭論爲例，說明相等的鎖鍊如何被串謰起來。支持此項政策的一方包括有色人種組織、婦女團體、進步主義工會、美國勞工總會與產業勞工組織（AFL-CIO）以及學生團體等；反對的一方則包括共和黨、新保守主義、反女性主義者以及種族主義者等。一旦這些團體形成兩個對立的聯盟，在任何一方裡，不同的主體位置就是被串譧在一起，形成了相等的鎖鍊。鎖鍊之內不只是表面的結盟，而是認同相互影響的串譧。在這個過程之中，由於緊密地相互協商，主體的認同可能不斷地轉變，例如，透過與反種族主義的協商，工會或女性主義者可能變得更加重視多元文化。同時，相等的鎖鍊也不會退化成單一的同質群衆，因爲不同主體位置之間的差異性仍然會被保留。

另一方面，如果把鎖鍊看成一個整體，我們可以說，整個鎖鍊的認同是在它與其他鎖鍊的關係中建構起來的。所謂贊同積極政策的運動內涵是在它與對手——反對積極政策的對抗關係裡建立起來的。串譧的複雜性尙不僅於此，處於相等鎖鍊內的每一個個別的主體位置仍然保有著過去串譧的殘留痕跡，並且總是可能在同一個時候參與多個串譧，同時被串譧進各種不同的相等鎖鍊，例如，女性運動的內涵不但受到參與積極政策抗爭的影響，同時也受到參與反種族主義、反失業、墮胎、性騷擾、強暴等問題的爭論過程所影響（Smith, 1998: 88-89）。

透過民主相等原則，不同鬥爭之間可以建立相等的鎖鏈，那麼我們就可以在女性、黑人、工人、同志等訴求之間串謎起集體的政治認同（Mouffe, 1993: 77）。任何一種抗爭都只是部分的（partial）抗爭，「解放」（Emancipation）這個詞彙因而不再是大寫，而是小寫（emancipation）了（Laclau, 1990: 225）。這種民主觀點使我們得以瞭解權力關係是如何以多樣的方式建構起來，並且，只有串謎各種不同的鬥爭以抵抗多樣的壓迫關係，基進多元的民主才有可能出現。

因此，女性主義政治不是一個獨立的運動，僅僅追求女人作爲女人的利益，而應是在將需求廣泛串謎的脈絡下，致力尋求女性主義的目標（Mouffe, 1993: 87-8）。女性主義應當將目標置於抵抗社會情境內所有形式的臣屬關係，既然我們不能將我們的認同完全化約至單一的位置，女性主義的焦點就不應僅集中於性別因素，將性別因素抽離於其他因素的影響。女性主義致力爭取的因而並非屬於「女人」的眞理，而是揭穿所有圍繞「女人」全稱所建構起來的多重從屬身分（黃競涓，2001b：5）。

第二節　多元文化主義vs.女性主義

如同上節所言，基進多元民主主張在女性、黑人、工人、同志等之間建立平等的結盟，由於各項差異範疇的意義均是相等的，它們可以串鏈進相等的鎖鍊，同時在串鏈的過程中，「女人」的內涵與認同也因與其他範疇的不斷對話而不斷改變。這種政治觀強調在政治過程內建構多樣的範疇與認同，使得多元差異不致被泯滅。如何保存多元差異，是當代政治理論的核心，基進多元民主以上述方式回答了這個問題，這個方式不但避免了烏托邦式的社會藍圖規劃，本書認為，這種政治觀同樣也與另一種尋求在政治過程內保留差異的多元文化主義（multiculturalism）不同。

多元文化主義是一個籠統的名稱，係指那些為少數族群文化尋求正名，反對歧視少數族群文化的主張。為了能夠以平等態度看待不同文化，多元文化主義認為少數族群的生活方式不能僅透過個人自由的訴求而獲得保障，相反地，給予她們特殊的團體權利或特權（group rights or privileges）是必要的（Okin, 1999: 10-1）。然而，在保障多元文化的同時，許多女性主義者發現，如果某一文化差異與女性主義的訴求相違背時，女性主義該採取什麼立場？例如，Susan Okin提出下一疑問：當保留少數文化或宗教的主張與性別平等相衝突時，我們應該怎麼做（Okin, 1999: 9）？如果有些文化並不接受平等原則，我們是否可以忍受這些團體認為女性成員是次等的群體？這就是多元文化主義vs.女性主義（multiculturalism vs. feminism）之辯。

Okin的憂慮提醒我們一個重要的問題：衆多差異相衝突時該如何取捨？所有差異都必須被保存嗎？本書認爲，基進多元民主對如何保存多元差異的回應方式迥異於多元文化主義，本節將從基進多元民主對多元文化主義的批評著手，期能爲多元文化主義vs.女性主義的兩難找尋出路。

一、對多元文化主義的批評

致力於多元文化主義研究的當代學者相當多，上章所提之Young，即因提出差異政治（politics of difference）的概念而成爲其中的翹處。Young的差異政治強調必須找尋一套方案以調和平等、自決與共善等原則，使公共領域能夠保障並促進不同社會團體的自主能力。Young指出，爲了能夠包納所有團體，平等的達成有時需要給予被壓迫團體或處境不利的團體不同的對待（Young, 1990）。如何對不同差異進行不同的對待？Young提出應給予它們團體性的權利，亦即以團體代表制（group representation）解決之。

對許多批評者來說，團體代表制忽視了下一事實：即社會團體不僅被差異所標明，亦是對抗關係的產物。對抗關係是政治論述的建構結果，也就是透過串譕所形成的認同，這是一個動態的過程，與以文化特徵爲基礎所界定的差異並不相同[8]，Smith曾言：

> Young將社會團體界定爲一群共享某種特定生活形態（way of life）的個人，卻未對下一事實給予適當的強調：即社會群體內部對於什麼是自身規範的界定，其實常有強烈的爭論。……誰可以適當地裁定哪些人屬於種族、族群、或性別上的少數？哪些文化標準會被採用（Smith, 1998: 125）？

忽視這些問題的風險常是，整個社會以文化本眞性（authenticity）爲名的控制與界定將再度被引進。對Laclau與Mouffe來說，少數族群的平等權利並非透過團體代表制不可保存，相反地，關於權利的爭論應當是在政治領域裡，以關於分配正義的爭論開展之（Smith, 1998: 125）。不同團體在政治過程內針對特定議題競相爭逐分配正義的內涵，而不是以不同方式對待文化相異的團體就可以解決了。何況差異團體的區別是在政治過程中建構起來的，並不是產生自先於政治的文化界定。Young的差異政治觀因而仍以表現既有差異爲主[9]，並不重視在認同形構的論述過程中進行鬥爭。所以，在Young的概念中，差異範疇是既定的差異範疇，其間未有政治過程的串謎作用。也由於範疇是既定的範疇，Young等於接受了當前社會對我們的區別，不認為這些區別有什麼不妥。不僅如此，更由於忽視論述在認同形構過程中的角色，新認同與新範疇的形成也將受到阻礙。

因此，儘管Laclau、Mouffe與Young均致力於保存多元差異，並且也同樣認為社會團體不能將自己的特殊認同強加於他人之上，但Young卻假定社會團體是在各自形成自己的認同與利益之後，才開始進入政治領域裡進行互動。政治變成是事先固定的行動者之間的對話，它們各自追求著早已形成的利益，所以Young的團體代表制理論等於並未給予團體不斷協商自身認同與劃分的空間。相反地，對Laclau與Mouffe來說，基進民主最重要的特色在於強調政治並不是處理既定利益的過程（Mouffe, 1993: 85-6）。政治並非反映早已預先存在的群體利益，找尋各種方式以滿足社會不同部分的要求。政治是建構新認同的過程，是認同形成、爭論與不斷協商的領域，各種認同的內涵會因互動而產生改變，透過與不同的臣屬群體進行對話，持續不斷地轉變並創造認同。

二、自由開放的體系

基進多元民主揭露了多元文化主義落入既定範疇劃分的

缺失，然而許多女性主義者對多元文化主義的批評尚不僅於此。從多元文化主義vs.女性主義的辯論之中，她們闡釋了多元文化主義與女性主義之間的緊張性，並指出團體代表制的根本問題。

多元文化主義之所以時或與女性主義產生衝突，正起因於其所支持的團體代表制。學者指出，女性主義認爲所有的女性都是人，女性不應被看成是不如男性的性別；多元文化主義則認爲所有的少數族群都是人，非主流的文化不應被視爲次等（Cohen, Howard, & Nussbaum, 1999: 4）。爲使少數族群免於壓迫，給予少數族群特殊的團體權利被視爲相當必要，然而，我們如何對待那些否認女性與男性應當平等的族群文化？

對Okin來說，多元文化主義不但將文化差異的強調凌駕於性別平等，以致於經常選擇性地忽視團體之內的不平等，團體代表制更可能產生一個重大的盲點。由於女性的受壓迫很可能隱藏於私領域之內而無法爲當前人類所視見，許多存在於私領域、奠基於文化傳統的對女性的歧視很少出現在公共領域的討論之中。如果貿然給予這些少數族群團體性的權利以保存它們的生活方式，就可能會對女性造成非常不利的影響。因此，Okin認爲，給予少數族群團體權利只不過是一種「部分的解決」，那些支持團體權利的理論必須正視隱藏在私領域與文化深層之內的性別歧視。如果某一族群對女性的詆毀是如此地深烈，我們就不應再對族群有太多的掛念，反而應將焦點置於女性所受的傷害（Okin, 1999: 22-3）。

同樣地，Fraser亦指出，關於多元文化保存的討論必須將分配正義納入。她認爲，多元文化主義經常太過強調文化政治層面，卻忽視政治經濟的相關議題。然而，肯認的政治（politics of recognition）必須與重分配的政治相互結合（politics of redistribution）（Fraser, 1997: 180-2, 186），不同文化的價值雖需被承認，卻不能因此違背了社會正義與經濟平等的原則，文化差異的認可必須以社會平等爲條件。

這種對多元文化的保存加以限制的觀點正與基進民主理論不謀而合。對Laclau與Mouffe來說，重視多元的眞意在於使得少數族群不會因爲爲了獲得肯認就必須負擔自我毀滅或同化的風險。眞正的「寬容」意味著少數族群可以獲得資源以保護自身的權利並發揚自身的差異。儘管Laclau與Mouffe同多元文化主義一樣強調多元與自主，但她們並不贊同毫無限制的自主概念。Mouffe指出，只有在差異不會造成宰制與不平等的情況下[10]，差異才是一種積極的善（Mouffe, 1992: 13）。因此，自主原則僅能適用於珍視自由與平等的團體。

對基進多元民主而言，只有支持民主原則的社會運動才可以被看作是進步的差異，而以多元文化爲名，最終卻希冀泯除多元差異，例如，那些企圖保留奴隸制度的美國南方文化，或是宣稱應當給予右翼宗教極端分子防止歧視的積極保護等，都是欺騙的訴求而必須被掃除（Smith, 1998: 34），因爲這些訴求的達成會損及自由與平等的原則。

這個看法在基進民主的串謰主張裡獲得強化。基進民主強調政治過程是豐沛多元的差異不斷協商與串謰的過程，所以基進民主不但不接受團體代表制，更反對以保存族群文化之名將社會差異僵固下來的任何主張。在基進民主看來，多元文化主義不但僅重視族群文化差異，罔顧族群內部的不同，更將社會看做封閉的體系，忽視新的差異將可能起而挑戰現有以文化保存爲名的社會規則。「眞正的多元文化主義」因而不能僅止於加入少數族群的民主價值，更應給予少數族群挑戰多數價值的空間，並認爲透過協商，新的價值將可能被創造出來（Smith, 1998: 33）。

基進民主反對所有形式的宰制，主張強化、深化並擴大自由平等原則的施行。由於體認到社會關係的多樣性格，基進民主致力的是一種自由開放的體系。這種體系與多元文化主義的不同之處在於，儘管均致力於包含多種成員，多元文化主義將社會看成一個和平的體系，其中有各式各樣相互競爭的團體，而解決衝突之道則在於找尋一套機制以滿足這些團體的需求，基進的多元民主卻特別強調宰制團體與臣屬團體之間多樣的壓迫與剝削關係（Smith, 1998: 178），認爲被宰制團體必須不斷地起而挑戰既有的遊戲規則，因爲沒有任何一套機制可以窮盡所有的宰制關係。

不但強調必須識別多樣壓迫的所在，自由開放體系的重點更在於反對封閉。對基進民主而言，多元差異問題的解決並非找到一套所有團體均能接受的差異對待方式就可以高枕無憂了，同樣地，想以團體代表制解決爭議簡直也是天方夜譚。試問：所有差異團體就這麼被固定下來了嗎？以後再也不會改變了？會不會有新的差異再度出現？並且，這些差異團體爲什麼就這麼心甘情願地接受目前的劃分？劃分差異的標準何在？會不會有新的差異起而挑戰目前的劃分？對基進民主而言，團體代表制忽視了政治過程對於差異團體的形塑，事實上，政治過程內的不斷協商會串譴起多樣的認同，各種差異的內涵與界線也將不斷地改變。

反封閉的強調除了揭露政治過程對範疇形塑的重要性，尚有另一層相當重要的意涵，即對爭論保持著無限開放的可能性，相信新的差異將不斷起而挑戰舊有的社會規則。基進民主的企圖在於提昇並促進民主形式的多元與差異，在串謎的過程中釋放每一個抗爭的民主潛能。基進民主之所以重視每一個抗爭的自主性，不只因爲這對抗爭而言本身就是好的，更在於自主性的實踐價値。基進民主重視促進混雜的民主認同，混雜（hybridization）並非代表認同的消失，卻意味著由於新可能的出現，認同將被賦予抗爭性格（Smith, 1998: 181-2），原有制度也將出現轉變的契機。

反對基進民主者認爲，抗爭的策略不應只是在於翻轉既有的宰制制度，同時也應建立並保衛新的制度。然而，她們忽視了所有制度都可能再度被挑戰。基進民主強調，沒有任何社會規則可以立於不敗之地，Smith說：

> 任何一個基進多元民主運動對良善生活的定義，總是保留著爭論的可能性（open to contestation）：沒有什麼是明確獲得的，總是有可能受到挑戰。……我們沒有任何理由假定我們特別有能力可以對當前或將來所有的對抗關係都一目了然。因此，永恆的民主異議必須被放進基進多元民主的想像之中，因爲只有透過爭論與抗爭，被排除的團體才有可能被看見，新的民主制度也才可以被想像並建立起來

（Smith, 1998: 182）。

因此，新的多樣的認同必須持續不斷地被發掘出來。基進的多元民主認為，除非在同時考量多種差異的情況下，我們不可能思考文化的問題。基進的多元民主研究女性、移民者、工人、同性戀與少數種族的目的並非僅為了將種族、性別等差異帶進考量之內，而是在於催生一個對社經權力更好的理解（Smith, 1998: 183），使得我們可以在瞭解社會多元權力面向的同時，不斷對現有制度提出異議，不斷彰顯現有制度可能的壓迫面向，並不斷致力於推翻所有可能的壓迫關係。同時，由於我們不可能在此時窮究未來可能發生的壓迫關係，甚至也無法在此時對所有社會關係做出全面的理解，我們只能不斷繼續這個過程——持續不斷地對社會關係做出比此時更好的理解，推翻壓迫關係，使社會更加多元、更加民主，再又不斷地發現新的壓迫關係。

由此可知，保持爭論可能性的自由開放體系就是基進多元民主的最大目標。她們之所以如此苦口婆心地強調保持爭論的重要性，是因她們認為社會生活永遠無法完全脫離權力關係，因而必須保留不斷爭論的開放性以推翻既有的權力關係。Smith 指出：

> 即使一個以基進多元民主爲指導方針的社會也會產生制度化（institutionalize）某一特定思考模式的結果。制度化的危險之處在於宰制關係可能成爲常規（normalized），蘊藏於社會邊緣的民主智慧也可能不被知悉。只有透過不斷的爭論，每一種正典——甚至是最基進的正典——才可能不斷地接受民主的挑戰（Smith, 1998: 183-4）。

因此，爭論的可能性必須獲得保障。對Laclau與Mouffe來說，任何形式的溝通，包括說服、協商、對話等，都與權力關係難分難清。所有關乎各種差異當如何相處的決定因而都不能立基於必然的基礎，每一個政治位置或主張某種程度上來說都是偶然的，每一個政治決定也都有可能隨時再被推翻。儘管新的決定與新的政策總是必須不斷地做出來，但每一個政治論述總是有不完全的地方（Smith, 1998: 185）。基進多元民主的目標因而並非將權力完全泯除，而是在於轉變當前優勢的權力關係，避免優勢的權力關係成爲封閉的文化霸權，使它們可以更加與民主原則相容。

總結言之，由於保持著爭論的可能性，基進民主無法接受僵固範疇的團體代表制。同樣地，由於認爲規則只會不斷地被建立，又不斷地被推翻，因此，本書認爲，基進民主對多元文化主義vs.女性主義這個兩難問題的看法將是，任何一種文化都會不斷地遭受挑戰與批評，文化的內涵將不斷地被改變，那些無法以自由開放態度看待社會組成的文化也將漸漸被推翻，因此，並非所有的差異均需獲得保存，實際的政治運動過程將會對封閉的文化主張作出反擊。

註釋

1 這裡所稱的早期女性運動，顯然係指差異女性主義而言。

2 這裡所謂的「迷思」並非隱含著必須被解構或去除，而是僅僅係指一組被一群人所共同接受的理論體系或信念，且這組信念具有相當的虛構成分，它們是在政治過程內產生的，也可以不斷地再被解構或重塑。對Laclau而言，認同正是透過迷思的生產而被建構起來。

3 Laclau與Mouffe特別強調她們從未否定某些女性運動的實踐就是要對政黨或國家作出訴求，顯然與Butler的策略有所不同。對Butler而言，女性主義的實踐焦點在於嘲諷，徹底貫徹使身體成爲政治場域，傳統對政黨與國家的訴求則非改造女性處境的最佳方式。請參閱第三章第二節。

4 articulation的動詞爲articulate，具有雙重意義，一方面意指「清晰的發音」、「明白的表達」(to express)，另一方面也有「關節連接」(to connect) 的意思。在拉丁文中，articulus係指一串的某個環節，故articulation的意思就是「清楚地說出（那些音節或意義單位)」。但articulation尚有另一層意涵，亦即「接合」，把不同部分接合爲一個整體，也可以解釋爲火車頭與其他車廂之間的連結。目前國內學界並無一公認詞彙可供翻譯articulation，或譯爲「接合」(例如，曾志隆著《後馬克思主義的革命理論：拉克勞與穆佛社會主義戰略之探討》一書），或譯爲「構連」（例如，張錦華著《傳播批判理論》一書），或譯爲「串謰」（例如，機器戰警主編《台灣的新反對運動》一書）。本書之所以選擇「串謰」一詞以譯articulation，乃因「謰」字具「把散亂的說法完整或有序地表達出來」之意，「串」字則具「接合」之意，可以適當地表達articulation的兩層意涵。

5 這個主張可以用來批評商業化的女性主義理論。所謂商業化的女性主義理論，乃是指那些將女性主義看成是當下任意戲局的理論。這些理論忽視了「女人」的認同並不是在當下任意地被建構起來的，事實上，認同的建構包括著複雜的歷史情感因素，並非僅僅是當下的遊戲。由於僅強調當下的任意建構，商業化的女性主義理論通常能見度都特別地高，因爲它們不重視歷史情感層面，因而也就顯得特別地新穎。然而，認同的建構通常都不是這麼任意的，它無法斬斷與過往牽連的痕跡。

6 對Laclau與Mouffe來說，自由民主制度並不必然與資本主義的剝削聯繫在一起。儘管自由民主制度與資本主義發展的糾結總是處處可見，然而這是歷史的偶然，基進化自由民主的傳統並非完全不可能。

7 Tocqueville認爲法國大革命所揭示的平等原則，昭告了新時代的來臨。關於平等原則的重要性與歷史地位，請參見Tocqueville著《美國的民主》（*Democracy in America*）。相關討論請見第四章第二節。

8 Young關於差異政治與團體代表制的討論首先系統性地集中於一九九○年所著之《正義與差異政治》(*Justice and the Politics of Difference*)一書，本書也是這方面論證的精華。但如同第四章所言，Young曾於一九九三年在〈作爲系列的系別：思索女人作爲社會群體〉一文中，以系列概念詮釋「女人」爲範疇，從而避免了以共同特質界定「女人」。然而，一方面由於系列概念晚於團體代表制的提出，綜觀《正義與差異政治》全書，Young以文化特徵爲基礎界定差異的傾向仍然相當地明顯；另一方面，一個更重要的原因在於，儘管在九三年系列概念提出之後，Young本人卻從未將關於系列概念的討論與關於團體代表制的討論連接起來，使得我們無法瞭解系列不以共同特質界定差異的概念可能會對團體代表制的運作產生什麼影響，因此，在討論Young對差異政治與團體代表制的規劃時，本書傾向於將Young的九○年的著作與九三年的文章分開，主要以《正義與差異政治》一書爲準，探討Young的差異政治的基本雛形。

9 儘管Young在《正義與差異政治》一書中曾提及應以流動且關連(fluidly and relationally)的方式看待差異(Young, 1990: 157)，但她並未詳細說明如何一方面以流動且關連的方式看待差異，另一方面又繼續施行團體代表制。試問：已被團體代表制固定的差異該如何流動？所謂關連的差異又會對團體代表制產生什麼影響？Young並未對此加以深究。這些概念似與團體代表制並不相容，Young也未細究它們之間該如何調和。因此，本書認爲，流動且關連的差異並未影響Young以團體代表制爲核心的差異政治觀，其關於差異政治的基本規劃仍然會產生以表現既有差異爲主的結果。

10 何謂不平等以及何謂宰制均非文化眞空的概念，它們的內涵會受到文化歷史以及實際抗爭互動過程的影響而不同。

結論

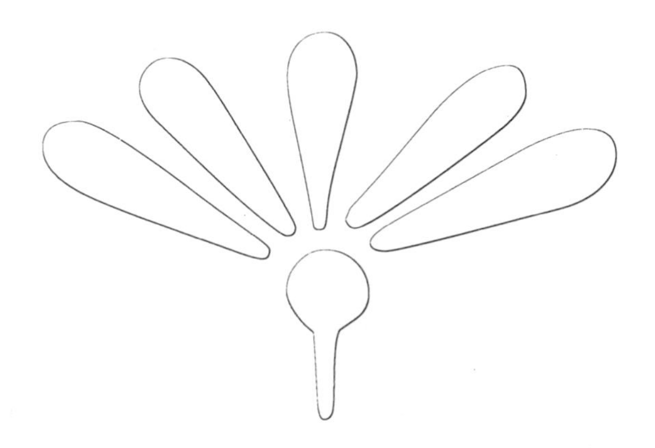

本書將焦點鎖定至女人與政治之間的關係，探討「誰是女人？誰在政治？」的問題。筆者以「女人」作爲範疇貫穿全書的討論，因爲「女人」作爲範疇不僅是「女人」作爲政治範疇的關鍵，同時亦對女性主義者如何規劃理想的政治產生決定性的影響，本書主張以此角度詮釋當代英語世界女性主義的發展。經由以上各章的討論我們發現，當代英語世界女性主義的變遷，正好體現了「女人」作爲範疇的轉變。首先，爲了爭取平等，當代英語世界女性主義者將焦點置於「性別差異」，討論男女之間究竟有何不同。在這個過程之中，女性主義大致分裂爲二派，亦即平等vs.差異之辯，一方強調「我們」都是「人」，也就是將男女一視同仁，給予女性男性目前已享受的權利；另一方則強調「我們」是「女人」，認爲應提倡女性所重視的和平與寬容等特質，也就是建立不同於男性的關懷倫理。透過批評平等女性主義忽視女人的特殊性，差異女性主義將「女人」作爲範疇的意義突顯出來，可說以共同生理事實、共同母親角色、共同情感特質、共同道德倫理將「女人」定義爲不同於「男人」的範疇。也由於差異女性主義回答了何謂「女人」的具體實質內涵，「女人」更可據此宣稱自己是政治論述上的一個範疇，等於以先於政治的方式定義了「女人」。

這種界定受到黑人女性主義與第三世界女性主義等的批判。她們認爲，差異女性主義關於「女人」的定義是一種跨文化、跨階級、跨種族的答案，忽視女人之中的差異，造成同質化女人的危險。然而，「女人」隨著種族、階級、年齡、地域等而不同，「女人」此一標籤並不具有所有女人共同分享的特質清單。多重交錯的差異使得女性主義不得不承認「我們是不同的女人」，並且，假若「女人」的內涵僅以白種中產階級女人爲準，「我們」根本也就不是「女人」。除此之外，性別表演論者更以解構主義的角度考量「女人」一詞的建構性，並以「性」與「性別」無分徹底解構「女人」的本質主義內涵。由於「性」並非先於文化論述之前的基礎，身體同樣屬於文化建構的範圍，所謂「女人」不過只是模仿的結果，「女人」一詞的偶然性顯而易見。「女人」不再是單一的範疇，且性別的多樣複雜已不能僵固於「男」、「女」兩個範疇，「我們」不能再毫無爭論地劃歸於「女人」的框架之下。

這些批評使得女性主義陷入兩難。一方面，如果反對「女人」可作爲範疇，我們很難再以「女人」之名進行政治行動；但另一方面，如果將「女人」視爲範疇，又很可能陷入普遍主義與本質主義，排除了多樣的可能。九〇年代英語世界女性主義者苦思解決之道，企圖以反普遍主義與反本質主義的方式重新詮釋「女人」爲範疇。其中，Iris Marion Young提出「女人」作爲社會系列，主張將「女人」看成是一種結構關係的名稱，與相同的物質客體發生關連。由於系列之中的成員僅追求自己的目標，成員之間也沒有相互的認同，所以系列並未決定個人的特質與認同，因而可以包含更多的可能。同時，Young亦指出，系列可能發展成爲具有行動能力的政治範疇，但政治範疇是否生成以及如何生成均無法事前預知，所以系列概念提醒了我們，政治範疇的形成具有相當的偶然性。

然而，系列概念卻也不盡理想。由於系列概念並未對「女人」系列發展成爲政治行動團體的過程作進一步探討，可能將系列與團體看成是一種一對一的關係，忽略了新認同與新範疇的出現，彷彿所有的認同選項都可以在系列層次裡找到。正是基於這項批評，Chantal Mouffe與Ernesto Laclau的論述理論可以提供我們一個較佳的重新詮釋「女人」爲範疇的方式，亦即將「女人」看成是政治論述的產物。

Laclau與Mouffe強調政治論述的作用，她們區分結構位置與主體位置的不同，認爲只有透過政治論述，個人才能對己身的結構位置產生認識，可見認同並非直接起源自結構位置，而是政治論述的介入使然。透過政治論述，性別的臣屬情境被建構成爲壓迫關係，「女人」進入了對抗位置，「女人」才成爲政治範疇。政治論述經由串謎建構起政治認同，每一個主體位置的意義都與其他主體位置相關。所以，「女人」範疇的內涵隨著與其他差異的串謎情況而改變，「女人」並非與其他差異無關的範疇，其內涵需視政治過程內的實際串謎結果而定。

回顧當代英語世界女性主義關於「女人」作爲範疇的回答，本書發現，這些回答可以分爲二類，一類認爲「女人」可先於政治而被定義，另一類則認爲「女人」必須是在政治過程之中界定出來的。在對於「女人」作爲範疇有不同看法的情況下，重視性別差異與重視多重交錯差異的女性主義者，對於理想政治應當如何規劃各有不同的觀點。由於以先於政治的方式界定「女人」，差異女性主義在面對政治領域的檢討時，主張以母性思考建立憐憫的政治觀；相反地，由於認爲「女人」是政治論述的產物，論述理論主張政治並不是尋求一組烏托邦式的政治規則，政治應是建構、轉變與重塑多樣認同的過程。在這個過程之中，多樣的認同會不斷地被創造出來，多元差異也將獲得保存，這就是基進多元民主的概念。

基進多元的民主重視在政治領域內保留多元差異，但與多元文化主義的理念相當不同。多元文化主義希望給予少數族群特殊的團體權利，基進多元民主卻反對這種團體代表制的主張。對基進多元民主來說，團體代表制將政治看成是處理既定利益的過程，在這種看法之下，差異之間的分界等於被僵固了，忽視差異之間的界線將可能不斷地變動；並且，團體代表制以爲我們可以找到一套機制來窮究所有的不平等關係，卻忽視新的被宰制團體將可能不斷挑戰原有的遊戲規則。因此，基進多元民主反對將政治看成是處理既定利益的過程，相反地，所有的認同與範疇都是在政治過程裡形塑出來的，政治過程也應保留新認同出現的可能。由於強調政治過程內新認同的不斷建構，基進多元民主對爭論保持著開放性，致力於自由開放的體系，認爲那些忽視平等的封閉體系都必須不斷地接受挑戰。

這些英語世界女性主義的發展，對於本土女性主義可以有什麼參考？首先，由於對「女人」一詞的使用產生分歧，台灣婦運發生了許多的爭論，然而在不斷的對話之中，多重交錯差異的討論已經漸漸成爲許多本土婦運行動者關懷的焦點。換言之，本土婦運已漸趨重視女性內部的不同，正視性別與其他身分的交錯影響，當然也包括了跨性別運動的批判等，可以說與英語世界女性主義有著相當類似的關懷。讓我們傾聽台灣婦運工作者對於忽視女人內部差異的批判聲音：

> 有沒有必要重新檢討「姊妹情誼」、「姊妹盟約」與「女人認同女人」等政治號召下，所迴避掉的基於社經位置、知識、族群的差異而產生的，女人與女人之間的差異？——如果我們同意性慾差異的政治意義，繼而支持某種女同性戀分離主義，對於階級等問題，是否亦應做如是觀？[1]

這段文字清楚表明了目前台灣婦運工作者對於主流女性主義忽視「女人」之內差異的憂心。因此，許多女性主義者開始從台灣當前的經驗出發，發展出許多自身特殊經驗的考量，包括原住民女性、外籍新娘、外籍女傭、城鄉差距(「非台北」？)，以及婦運的中產菁英性格等。[2]此外，本土婦女研究對於性取向因素的關心亦淵遠流長。一九九五年七月《婦女新知》第一五八期、八月《婦女新知》第一五九期均對女性運動與同性戀運動的糾葛進行了大幅的專題討論。[3]

這些著墨顯示了本土婦運漸趨重視女人之內差異的討論，從論述理論的眼光看來，台灣婦運多年來的發展過程正可以論述理論的串謔概念來加以詮釋。正因爲「女人」是在串謎過程中建立起來的，透過在運動過程中不斷與不同的差異相互影響或協商，「女人」的內涵也不斷地改變。當前台灣的婦運發展史，可以說正是這個過程的充分展現。其他差異不斷對「女人」的原有定義做出挑戰，「女人」不再是鐵板一塊，女性主義開始正視多重差異之間的交互影響，並進而使主流女性運動更加重視新興的邊緣女人。從工人階級女性、原住民女性對於婦女議題的優先順序產生質疑，到跨性別運動開始反對「女人」一詞的僵固，女性運動內部對「女人」概念的挑戰，質疑中產階級女性可以代表工人階級女性發聲，質疑漢人女性可以代表原住民女性發聲，以及跨性別運動者所提一種無法爲性別所歸類的人類，種種有關代表性的討論使得「女人」的內涵更加多樣，見證了「女人」一詞正隨著實際運動的串謎結果而改變。

由於「女人」是串謎實際行動的產物，「女人」一詞可以在避免僵固的情況下獲得保留的可能性。因此，原住民女性、工人階級女性，以及公娼等的憂慮都可能在實際運動的過程之中成爲「女人」的內涵之一。同時，由於重視在政治過程內不斷發現新的可能，女性主義也將更具包容性。

從對英語世界女性主義論述的回溯中，我們發現，身體已不能成爲定義「女人」的基礎，且生理事實對於「女人」

作爲範疇的界定力也已日漸衰微。代之而起的是，身體不能產生跨文化的意涵，儘管身體仍然經常是「女人」作爲範疇的訴諸對象，但政治論述對於身體的詮釋卻使得身體的意涵隨著情境而定。隨著情境而定即意指隨著政治過程內具體的議題而定，換言之，政治抗爭會根據議題與情境的需要，對身體做出不同的解讀。這種對政治論述關於生理事實詮釋的強調可以產生兩方面的意涵。一方面，由於身體並不是「女人」唯一固定的內涵，政治論述在「女人」成爲範疇的形塑過程中扮演重要角色，「女人」的內涵與意義隨著情境與議題而變動，女性主義運動因而可以包含更多的可能，例如，在對一九九七年台北市政府的廢娼政策產生爭議之前，公娼議題還未出現，女性主義者鮮少將「性工作者」納入討論；直至廢娼爭議出現，女性主義者開始嗅到不同階級、不同職業將使「女人」產生歧異。所以，持這一看法的好處是，身體並非形成「女人」範疇的基礎，女性主義將更具包容性，沒有人能夠以血緣爲唯一基礎就將範疇的內涵固定住，以爲身體就可以決定「女人」範疇的全部內涵，相反地，範疇的內涵與劃分隨著串謎結果而改變，從而免除了以身體或血緣因素界定範疇的基本教義；同時，由於對差異之內差異的強調，女性主義也可以避免落入狹隘的認同政治與僵固的二分對立。

另一方面，由於何謂「女人」已沒有固定的答案，生理事實的意涵隨著議題的需要而定，「女人」因而隨著政治論述的串謎結果而改變。串謎是一個複雜的過程，其間有不同差異相互的影響，也由於相互影響，其他差異想必同樣可能置喙於女性議題。這一主張的隱含著「生理或血緣的純淨與否」並非能成就「女人」議題發言的先決條件，此外，發言的內容也不能從生理事實導出，血緣並不能決定發言的內容。換言之，所謂「女人」身體並不能保證一定支持哪一種形式的言論，也不保證可以產生姊妹情誼或支持女性主義運動，而身體與血緣也不能成爲限制發言的門檻。因此，「女人」是政治論述的產物削弱了血緣對於發言內容的影響力，顯示了強調血緣的發言位置已不再重要了。具有「非女人」的身體並不表示一定支持某些特定論述，例如，支持男性優勢，一切需視情境與議題而定，並不能從身體或血緣層次論定任何人的政治主張。

「女人」隨著串謎的實際情況而改變，在這個過程之中，許多不同的力量會相繼以爭論「女人」一詞爲內涵。爭論的發生必然起因於面對特定的議題，例如，由於對特定議題產生齟齬，某些女性主義者選擇加入一個相等的鎖鍊，與另一個鎖鍊進行抗爭。在這個過程裡，女性主義陣營可能分裂，比如在公娼議題的爭論中，主廢vs.反廢的女性主義者各自形成不同的結盟鎖鍊，從而對「女人」一詞的內涵產生競爭。支持廢娼的女性主義者可能認為，廢娼是「婦運實踐中的階段性策略」，因為婦運有所謂的「議題重要性的先後順序」(李雪莉，1998：16)，有關性的議題最好等到女人擁有政治權力以後再談。反對者則可能質疑：「從公娼身上，是否能嗅到不同階級、不同位置女性的需要？當一群社會階級較低的女人選擇以身體來賺錢時，對她們來說，參政權是不是太遠了？」(李雪莉，1998：16)。這些都是因為對特定議題產生齟齬，進而引發了「女人」內涵的爭論。

在串謰的過程裡，不但會形成競爭「女人」內涵的鎖鍊，女性主義更可能依據特定議題的需求，與其他不同的差異結盟形成鎖鍊，共同對某一議題進行訴求。然而，儘管在面對特定議題時，差異範疇會根據需要而與那些現階段可資結盟的其他差異範疇合作，但結盟僅僅起因自在這個時點，與這些差異的結盟是對這項議題有利的，並不表示她們全盤接受了結盟對象的所有主張。當然，由於結盟對象之間會相互影響與協商，各種範疇的內涵也將不斷改變，但這並不表示我們可以預知其內涵是否，以及如何改變。同時，結盟的經驗從未否定差異仍然必須保持自身的自主性，我們因而不能僅僅根據結盟的對象就斷定某一差異在另一個認同裡會有什麼選擇，因爲結盟只是起因於在這個時刻對這個特定的議題有利。

這個主張對於當前本土婦運的發展可說相當重要。許多學者指出，當前台灣在族群與國家認同的強大論述下，性別的問題經常被忽略（黃競涓，2001a）。我們不是僅以國家認同的不同，簡單地區分政治上相互對立的陣營，就是以族群認同解釋婦運爲何與某一團體進行結盟，女性運動的主體性因而在國家認同與族群認同的大纛下，漸漸地被當成只是附屬的差異。然而，婦運自應有其主體性，我們不能僅僅因爲婦運選擇與某些具有國家認同色彩的團體結盟時，就斷定她們的國家認同取向。這在原住民女性運動裡尤其明顯，例如，在被問到如何看待由漢人主導的國族打造運動時，利格拉樂．阿𡠄回答：「**談國家認同，當我原住民意識愈強的時候，這個問題對我來說愈不是問題。今天哪一個政權對我好，我就認同哪一個政權**」（邱貴芬，1997：135）。可見「哪一個政權對我好」才是結盟的條件，其間並不牽涉國家認同的選邊站問題。因此，對阿𡠄來說，不能僅僅因爲原住民運動與陳映眞等這些「老紅帽」接觸，就把她們的國家認同看成是統派的（邱貴芬，1997：135）。

同樣地，婦運也不能被政黨認同所掩蓋，尤其，處在政黨認同大量滲入社會各個層面的台灣，婦運尤應警覺自己是否輕易地陷入了政黨認同之爭。政黨認同影響婦運的一個實例可以婦運內部關於公娼爭議中，主廢與反廢二者立場的詮釋爲例。二〇〇一年——在公娼爭議爆發四年之後，許多婦運工作者開始爭論爲何在九七年的公娼爭議之後，婦運團體卻對目前的許多婦女議題「袖手旁觀」，有些婦運領袖感嘆道：「當年那群高喊妓女工作權與基本人權，假公娼之名鬥爭『扁政府』之實的『婦運團體』......如今鴉雀無聲」（李明玉，2001），卻未詳細說明爲何反廢娼者可以直接被詮釋爲打扁的工具。與這項批評同時進行的是，婦運對行政院婦權會的內部組成產生了爭議。有些婦運領袖認爲，「行政院婦權會……增加了八位非政府部門的委員，這八位委員固然都曾對婦運有所貢獻，令人尊敬，不也正巧綠得醒目」（顧燕翎，2001），另一些婦運領袖則質疑：「行政院婦權會從一九九七年成立至今，年年被婦女團體抗議委員不適任與聊備一格」，卻從未聽見上述婦運領袖說過「其中委員都藍得醒目」（徐佳青，2001），可見政黨問題確實是婦運爭論的焦點之一。這項爭議的面向尚不僅於此，另一個引發的焦點在於，某些婦運領袖憂心在婦女運動的長期結盟對象民進黨成爲執政黨後，由於「政治正確的光環籠罩『全體』，不同、少數者消音」，因而必須大聲「呼喚台灣婦運主體」（顧燕翎，2001），另一方面，反對這項批評的婦運領袖則指出，「今天婦運已走到必須與政治體制內外的對話與合作的時代」（李明玉，2001）。婦運是否應與政府結盟或合作，是一個值得辯論與深思的問題，需另文來加以討論，然而，本書關心的是，對於是否要與當前政府結盟的辯論，卻經常輕易地被冠上「擁藍」或「護綠」的標籤。換言之，是否應與政府合作的態度被輕易地解讀成是政黨認同的好惡，彷彿政黨取向的二選一是比婦運本身更爲關鍵的因素。無論是否支持與政府合作，其間的爭議一下子就被質疑背後是不是有看不到的更深層理由，然而，這個臆測本身就忽略了婦運的主體性，以爲政黨取向的好惡比婦女議題的爭論更加重要。事實上，以國家認同、政黨認同來定位婦運團體，正是喪失主體性的開始，婦運的主體性不容爲國家認同或政黨取向的政治正確所吞噬，婦運必須重視自身的自主地位。

因此，筆者認爲，對女性主義來說，一方面必須重視多重交錯的差異，另一方面卻也不能使得其他差異的認同侵蝕了女性運動的主體性。換言之，由於正視女人之中的差異，在與其他差異進行對話的同時，女性主義一方面必須自他種差異之處學習，保留不斷修正自身認同的空間，另一方面也必須繼續發展屬於自身的世界觀，並持續追尋自己的目標，斷不能輕易地被其他差異所收編。本書認為，基進多元民主的開放性提供了這個可能，以論述理論詮釋「女人」也可以使得「女人」的內涵更具包容性。同時，由於在政治過程中保持多樣的可能，新的差異將可能不斷地被創造出來，封閉的體系自然必須被拋棄。我們必須不斷地發掘爭論，在那些無法以自由平等態度看待社會組成的體系中，不斷地挑戰其內的不平等關係。換言之，透過政治論述的建構，使不平等關係成為對抗的場域，開啓多場對抗不平等關係的抗爭，這些抗爭可能包括著對抗男性宰制的抗爭、對抗漢人中心思想的抗爭等等，端視具體的社會情境與脈絡而定。透過不斷地挑戰不平等關係，政治組成才可以更加地民主，也才可以更加地往平等的方向邁進。

註釋

1 轉引自《騷動》1997年6月，頁3。

2 可參見《騷動》第四期（1997年6月）。

3《婦女新知》第一五八期（1995年7月）以「異性戀、同性戀，都是、都不是」爲題，第一五九期（1995年8月）以「內爆女性主義」爲題，展開一系列女同志運動與婦女運動的對話。討論層面涵蓋多項議題，包括民法運動與同志運動的關連、異女扮裝、女性主義內部的同性戀恐懼症等。

參考書目

一、中文部分

Best, S. & Kellner, D.（1996），《後現代理論：批判的質疑》。朱元鴻等譯，台北：巨流。

Locke, J.（1986），《政府論次講》。台北：唐山。

Sartre, J. P.（1995），《辯證理性批判・第1卷・實踐整體的理論》。林驤華、徐和瑾、陳偉豐譯，台北：時報。

Tong, R.（1996），《女性主義思潮》。刁筱華譯，台北：時報。

王政、杜芳琴主編（1998），《社會性別研究選譯》。北京：三聯。

王蘋、丁乃非、倪家珍、隋炳珍（1998），〈誰的基金會、什麼樣的運動？夾在歷史和社會變革關口上的「婦女新知」〉。《當代》，127，90-96。

卡維波（2000），〈逝去的女性主義：跨性別運動的挑戰〉。《破周報》復刊，101，8。

石之瑜（1994），《女性主義的政治批判：誰的知識？誰的國家？》。台北：正中。

石之瑜（2001），〈公共論述建構的性別（之一）：省籍與公娼〉。載於石之瑜、黃競涓著，《當代政治學的新範疇——文化、性別、民族》。台北：瀚蘆圖書。

何春蕤（1997a），〈性／別研究的誕生〉。載於何春蕤編著，《性／別研究的新視野：第一屆四性研討會論文集（上）》，頁7-12，台北：元尊文化。

何春蕤（2000），〈叫我「跨性人」：跨性別主體與性別解放運動〉。《破周報》復刊，100。

利格拉樂．阿𡠄（1997），〈樓上樓下：都會區中產階級女性運動與原住民女性運動的矛盾〉。《騷動》，4，4-9。

呂秀蓮（1974），《新女性主義》。台北：幼獅。

李明玉（2001），〈別讓婦運成為政治鬥爭的工具〉。《自由時報》。2001年10月26日。取自 http://www.liberty-times.com.tw/2001/new/oct/26/today-o1.htm#o2

李雪莉（1998），〈廢娼事件：婦運路線之爭翻上台面〉，《騷動》，4，4-17。

周佳君（2001），〈回應「別讓婦運成為政治鬥爭的工具」〉。《自由時報》。2001年10月28日。取自 http://www.libertytimes.com.tw/2001/new/oct/28/today-o1.htm

周華山（1995），《同志論》。香港：香港同志研究社。

周嘉辰（2000），〈「女人」如何作爲一差異範疇：從認同政治到差異政治〉。發表於「第二屆全國政治學研究生論文發表會」，2000年5月13-14日。

周嘉辰（2001），〈命名風波：從「女人」做爲政治範疇談女性主義的政治觀〉。國立台灣大學政治學研究所碩士論文。

邱貴芬（1996），〈第三世界的女性主義聲音：評《第三世界女性與女性主義政治》〉。《中外文學》，24（9），127-130。

邱貴芬（1997），〈原住民女性的聲音：訪談阿媽〉。《中外文學》，*26*（2），130-145。

柏棣（1995），〈平等與差異：西方後現代主義女性主義理論〉。載於鮑曉蘭主編，《西方女性主義研究評介》。北京：三聯書店。

徐佳青（2001），〈台灣婦運的時代選擇〉。《自由時報》。2001年10月28日。取自http://www.libertytimes.com.tw/2001/new/oct/28/today-o1.htm

高宣揚（1999），《後現代論》。台北：五南。

張小虹（1993），《後現代／女人：權力、慾望與性別表演》。台北：時報。

張小虹（1995），《性別越界：女性主義文學理論與批評》。台北：聯合文學。

張岩冰（1998），《女權主義文論》。濟南：山東教育出版社。

張錦華（1994），《傳播批判理論》。台北：黎明。

陳俊榮（2000），〈後現代的認同政治〉。台灣大學三民主義研究所博士論文。

陳美華（1995），〈從露對威德案論墮胎權：自由女性主義及其超越〉。東吳大學政治學研究所碩士論文。

曾志隆（1998），〈後馬克斯主義的革命理論：拉克勞與穆佛社會主義戰略之探討〉。淡江大學歐洲研究所碩士論文。

黃競涓（2001a），〈民族主義理論的批判（之一）：女性的困境〉。載於石之瑜、黃競涓著，《當代政治學的新範疇——文化、性別、民族》。台北：瀚蘆圖書。

黃競涓（2001b），〈女性主義中的「女性」迷思〉。發表於「性別、心理及文化——本土女性主義的開展」科技學術研討會，2001年5月25-26日。

廖朝陽（1995），〈重述與開放：評巴特勒的《造就身體》〉。《中外文學》，*24*（7），122-129。

鄧修倫（2001），〈聯合國體系下「女性議題」發展之探討〉。國立台灣大學政治學研究所碩士論文。

機器戰警主編（1991），《台灣的新反對運動》。台北：唐山。

簡家欣（1998），〈九〇年代台灣女同志的認同建構與運動集結：在刊物網路上形成的女同志新社群〉。《台灣社會研究季刊》，30，63-115。

蘇紅軍（1995），〈第三世界婦女與女性主義政治〉。載於鮑曉蘭主編，《西方女性主義研究評介》。北京：三聯書店。

顧燕翎（1998），〈婦運的策略、路線與組織：婦女新知基金會「家變」的檢討〉。《當代》，127，97-103。

顧燕翎（2000），〈變遷的兩性關係：檢驗二十世紀婦運成果〉。《歷史月刊》，144，60-65。

顧燕翎（2001），〈呼喚台灣婦運主體〉。《中國時報》。2001年10月23日。取自http://ec.chinatimes.com.tw/scripts/chinatimes/iscstext.exe?DB=ChinaTimes&Function=ListDoc&From=1&Single=1

顧燕翎主編（1996），《女性主義理論與流派》。台北：女書文化。

顧燕翎、鄭志慧主編（1998），《女性主義經典：十八世紀歐洲啓蒙，二十世紀本土反思》。台北：女書文化。

《破周報》復刊一〇一號（2000年3月24日-4月2日），台灣立報社。

《婦女新知通訊》第一五八期（1995年7月），財團法人婦女新知基金會。

《婦女新知通訊》第一五九期（1995年8月），財團法人婦女新知基金會。

《婦女新知通訊》第一八六期（1998年2月），財團法人婦女新知基金會。

《騷動》第四期（1997年6月），財團法人婦女新知基金會。

二、英文部分

Alexander, S. (1987). "Women, Class and Sexual Differences," in A. Phillips(ed.), *Feminism and Equality*. Oxford: Blackwell.

Andermahr, S., Lovell T., & Wolkowitz C. (eds.). (1997). *A Glossary of Feminist Theory*. London: Arnold.

Aronowitz, S. (1988). "Postmodernism and Politics," in A.

Ross(ed.), *Universal Abandon?: the Politics of Postmodernism*. Minneapolis: University of Minnesota Press.

Benhabib, S. (ed.). (1994). *Feminist Contentions: a Philosophical Exchange*. New York: Routledge.

Bock, G. and James, S. (ed.). (1992). *Beyond Equality and Difference: Citizenship, Feminist Politics, and Female Subjectivity*. London: Routledge.

Bryson, V. (1992). *Feminist Political Theory: an Introduction.* Hampshire: Macmillan.

Butler, J. (1988). *Gender Trouble: Feminism and the Subversion of Identity*. New York: Routledge.

Calhoun, C. (1993). "Denaturaling and Desexualizing Lesbian and Gay Identity," *Virginia Law Review*, 79, 1859-1875.

Chodorow, N. (1978). *The Reproduction of Mothering: Psychoanalysis and the Sociology of Gender*. Berkeley: University of California Press.

Cohen, J., Howard, M. & Nussbaum, M. C. (eds.). (1999). *Is Multiculturalism Bad for Women? Susan Moller Okin with Respondents*. Princeton: Princeton University Press.

Dietz, M. (1985). "Citizenship with a Feminist face: The Problem with Maternal thinking," *Political Theory, 13*(1).

Elshtain, J. B. (1981). *Public Man, Private Woman: Women in Social and Political Thought*. Princeton: Princeton University Press.

Evans, J. (1995). *Feminist Theory Today: an Introduction to Second Wave Feminism*. London: Sage Publications.

Ferguson, A. (1995). "On Conceiving Motherhood and Sexuality: A Feminist Materialist Approach," in D. T. Meyers(ed.), *Feminist Social Thought: a Reader*. New York: Routledge.

Firestone, S. (1980). *The Dialectic of Sex: the Case for Feminist Revolution*. New York: Morrow Quill Paperbacks.

Foucault, M. (1980). *Power/Knowledge: Selected Interviews and other Writings*, trans. by Colin Gordon. New York: Harvester Wheatsheaf.

Fraser, N. & Nicholson, L. (1988). "Criticism without Philosophy," in A. Ross(ed.), *Universal Abandon?: the Politics of Postmodernism*. Minneapolis: University of Minnesota Press.

Fraser, N. (1989). *Unruly Practices: Power, Discourse, and Gender in Contemporary Social Theory*. Minneapolis: University of Minnesota Press.

Fraser, N. (1997). *Justice Interruptus: Critical Reflections on the "Postsocialist" Condition*. New York: Routledge.

Friedan, B. (1983). *The Feminine Mystique*. New York: Norton.

Fuss, D. (1989). *Essentially Speaking*. New York: Routledge.

Gilliam, A. (1991). "Women's Equality and National Liberation," in C. T. Mohanty, A. Russo & L. Torres(eds.), *Third World Women and the Politics of Feminism*. Bloomington: Indiana University Press.

Gilligan, C. (1982). *In a Different Voice: Psychological Theory and Women's Development*. Cambridge: Harvard University Press.

Gilligan, C. (1993). "Reply to Critics," in M. J. Larrabee(ed.), *An Ethic of Care: Feminist and Interdisciplinary Perspectives*. New York: Routledge.

Gould, C. C. (1996). "Diversity and Democracy: Representing Differences," in Seyla Benhabib(ed.), *Democracy and Difference: Contesting the Boundaries of the Political*.

Princeton: Princeton University Press.

hooks, b. (1982). *Ain't I a Woman: Black Women and Feminism.* London: Pluto Press.

Humm, M. (1986). *Feminist Criticism: Women as Contemporary Critics*. New York: St. Martin's Press.

Jaggar, A. M. (1983). *Feminist Politics and Human Nature.* Totowa: Rowman & Allanheld.

Johnson-Odim, C. (1991). "Common Themes, Different Contexts: Third World Women and Feminism," in C. T. Mohanty, A. Russo, & L. Torres(eds.), *Third World Women and the Politics of Feminism*. Bloomington: Indiana University Press.

Jordan, G. & Weedon, C. (1995). *Cultural Politics: Class, Gender, Race, and the Postmodern World*. Oxford: Blackwell.

Kerber, L. K. (1993). "Some Cautionary Words for Historians," in M. J. Larrabee(ed.), *An Ethic of Care: Feminist and Interdisciplinary Perspectives*. New York: Routledge.

Kristeva, J. (1986). *The Kristeva Reader*, edited by Toril Moi. New York: Columbia University Press.

Lin, Y. L. (1997). "Reading the Theoretical Work of Judith Butler"，《婦女與兩性學刊》，8，239-263。

Laclau, E. (1977). *Politics and Ideology in Marxist Theory: Capitalism, Fascism, Populism*. London: Verso.

Laclau, E. (1990). *New Reflections on the Revolution of Our Time*. London: Verso.

Laclau, E. & Mouffe, C. (1985). *Hegemony and Socialist Strategy: Towards a Radical Democratic Politics*, trans. by Winston Moore and Paul Cammack. London: Verso.

Larrabee, Mary Jeanne (ed.). (1993). *An Ethic of Care: Feminist and Interdisciplinary Perspectives*. New York: Routledge.

Lyotard, J. F. (1984). *The Postmodern Condition: a Report on Knowledge*, trans. by Geoff Bennington and Brian Massumi. Minneapolis: University of Minnesota Press.

Mansbridge, J. (1999). "Should Blacks Represent Blacks and Women Represent Women? a Contingent 'Yes'." , from http://www.ksg.harvard.edu/wappp/research/mansbrid.pdf

Marx & Engels (1978). "Manifesto of the Communist Party," in Robert C. Tucker(ed.), *The Marx-Engels Reader*. London: Norton.

Mendus, S. (1989). *Toleration and the Limits of Liberalism.* Basingstoke: Macmillan.

Millett, K. (1985). *Sexual Politics*. London: Virago Press.

Mouffe, C. (1983). "Towards a Theoretical Interpretation of New Social Movements," in S. Hanninen & L. Paldan (ed.), *Rethinking Ideology: a Marxist Debate*. New York: International General.

Mouffe, C. (1988). "Radical Democracy: Modern or Postmodern?" in A. Ross(ed.), *Universal Abandon?: the Politics of Postmodernism.* Minneapolis: University of Minnesota Press.

Mouffe, C. (1992). "Peace: Democratic Politics Today," in Chantal Mouffe(ed.), *Dimensions of Radical Democracy: Pluralism, Citizenship, Community.* London Verso.

Mouffe, C. (1993). *The Return of the Political.* London: Verso.

Mouffe, C. (1995). "Feminism, Citizenship, and Radical Democratic Politics," in Linda Nicholson and Steven Seidman (eds.), *Social Postmodernism: Beyond Identity Politics.* Cambridge: Cambridge University Press.

Nicholson, L. J. (ed.). (1990). *Feminism/Postmodernism.* New

York: Routledge.

Oakley, A. (1985). *Sex, Gender and Society*. Aldershot: Gower.

Okin, S. M. (1989). *Justice, Gender, and the Family*. New York: Basic Books.

Pateman, C. (1988). *The Sexual Contract*. Cambridge: Polity Press.

Pateman, C. (1989). *The Disorder of Women: Democracy, Feminism, and Political Theory*. Cambridge: Polity Press.

Pateman, C. (1992). "Equality, Difference, Subordination: the Politics of Motherhood and Women's Citizenship," in G. Bock & S. James(eds.), *Beyond Equality and Difference: Citizenship, Feminist Politics, and Female Subjectivity*. London: Routledge.

Phillips, A. (1987). "Introduction," in A. Phillips (ed.), *Feminism and Equality*. Oxford: Blackwell.

Phillips, A. (1993). *Democracy and Difference*. Cambridge: Polity Press.

Ruddick, S. (1983). "Maternal Thinking," in J. Trebilcot (ed.), *Mothering: Essays in Feminist Theory*. Totowa, N. J. : Rowman & Allanheld.

Said, E. W. (1979). *Orientalism.* New York: Vintage Books.

Sartre, Jean-Paul (1991). *Critique of Dialectical Reason.* London: Verso.

Scott, J. W. (1996). "Introduction," in J. W. Scott (ed.), *Feminism and History*. Oxford: Oxford University Press.

Singer, L. (1992). "Feminism and Postmodernism," in J. B. & J. W. Scott (eds.), *Feminists Theorize the Political.* New York: Routledge.

Smith, A. M. (1998). *Laclau and Mouffee: the Radical Democratic Imaginary*. London: Routledge.

Smith, B. (1985). "Toward a Black Feminist Criticism," in E. Showalter (ed.), *The New Feminist Criticism: Essays on Women, Literature, and Theory*. New York: Pantheon.

Soper, K. (1989). "Feminism, Humanism and postmodernism." *Radical Philosophy*, 55, 11-17.

Spelman, E. (1988). *Inessential Woman: Problems of Exclusion in Feminist Thought.* Boston: Beacon Press.

Thornton, M. (1986). "Sex equality is not enough for feminism," in Carole Pateman and Elizabeth Gross (eds.), *Feminist Challenges: Social and Political Theory.* Boston:

Northeastern University Press.

Tocqueville, A. de (1971). *Democracy in America*, trans. by Henry Reeve. London: Oxford University Press.

Torfing, J. (1999). *New Theories of Discourse: Laclau, Mouffe and Zizek*. Oxford: Backwell.

Trend, D. (ed.). (1996). *Radical Democracy: Identity, Citizenship, and the State*. New York: Routledge.

Tronto, J. C. (1993). "Beyond Gender Difference to a Theory of Care," in Mary Jeanne Larrabee (ed.), *An Ethic of Care: Feminist and Interdisciplinary Perspectives*. New York: Routledge.

Walker, A. (1983). *In Search of Our Mothers' Gardens: Womanist Prose*. San Diego: Harcourt Brace Jovanovich.

Weedon, C. (1987). *Feminist Practice and Poststructuralist Theory*. Oxford: Blackwell.

Young, I. M. (1990). *Justice and the Politics of Difference*. Princeton: Princeton University Press.

Young, I. M. (1995). "Gender as Seriality: thinking about women as a social collective," in L. Nicholson and S. Seidman (eds.), *Social Postmodernism: Beyond Identity*

Politics. Cambridge: Cambridge University Press.

Young, I. M. (1996). "Political Theory: an Overview," in R. E. Goodin & Hans-Dieter Klingemann (eds.), *A New Handbook of Political Science*. New York : Oxford University Press.

女人與政治

知識政治與文化系列 3

著　　者☞ 周嘉辰

出 版 者☞ 揚智文化事業股份有限公司
發 行 人☞ 葉忠賢
總 編 輯☞ 林新倫
登 記 證☞ 局版北市業字第 1117 號
地　　址☞ 台北市新生南路三段 88 號 5 樓之 6
電　　話☞（02）23660309
傳　　真☞（02）23660310
郵撥帳號☞ 19735365　戶名：葉忠賢
法律顧問☞ 北辰著作權事務所　蕭雄淋律師
印　　刷☞ 偉勵彩色印刷股份有限公司
初版一刷☞ 2003 年 8 月
I S B N ☞ 957-818-517-0
定　　價☞ 新台幣 250 元
網　　址☞ http://www.ycrc.com.tw
E-mail ☞ book3@ycrc.com.tw

國家圖書館出版品預行編目資料

女人與政治 / 周嘉辰著. -- 初版. -- 臺北市
：揚智文化, 2003 [民 92]
面；　公分. -- （知識政治與文化系列；
3）
參考書目：面
ISBN　957-818-517-0（平裝）

1.女性主義－論文, 講詞等　2.政治－論文,
講詞等

544.5207　　　　　　　　92008712

亞太研究系列		李英明、張亞中/主編	
D3001	當代中國文化轉型與認同	羅曉南/著	NT:250
D3003	兩岸主權論	張亞中/著	NT:200
D3004	新加坡的政治領袖與政治領導	郭俊麟/著	NT:320
D3005	冷戰後美國的東亞政策	周　煦/著	NT:350
D3006	美國的中國政策：圍堵、交往、戰略夥伴	張亞中、孫國祥/著	NT:380
D3007	中國：向鄧後時代轉折	李英明/著	NT:190
D3008	東南亞安全	陳欣之/著	NT:300
D3009	中國大陸與兩岸關係概論	張亞中、李英明/著	NT:350
D3010	冷戰後美國的全球戰略和世界地位	絹思等/著	NT:450
D3011	重構東亞危機－反思自由經濟主義	羅金義/主編	
D3012	兩岸統合論	張亞中/著	NT:360
D3013	經濟與社會：兩岸三地社會文化的分析	朱燕華、張維安/編著	NT:300
D3014	兩岸關係：陳水扁的大陸政策	邵宗海/著	NT:250
D3015	全球化時代下的台灣和兩岸關係	李英明/著	NT:200
D3101	絕不同歸於盡	鄭浪平、余保台/著	NT:250

MONEY TANK			
D4001	解構索羅斯─索羅斯的金融市場思維	王超群/著	NT:160
D4002	股市操盤聖經─盤中多空操作必勝秘訣	王義田/著	NT:250
D4003	懶人投資法	王義田/著	NT:230
XE010	台灣必勝	黃榮燦/著	NT:260

MBA 系列

D5001	混沌管理	袁　闖/著	NT:260
D5002	PC 英雄傳	高于峰/著	NT:320
D5003	駛向未來－台汽的危機與變革	徐聯恩/等著	NT:280
D5004	中國管理思想	袁闖 /主編	NT:500
D5005	中國管理技巧	芮明杰、陳榮輝/主編	NT:450
D5006	複雜性優勢	楊哲萍/譯	
D5007	裁員風暴－企業與員工的保命聖經	丁志達/著	NT:280
D5008	投資中國－台灣商人大陸夢	劉文成/著	NT:200
D5009	兩岸經貿大未來－邁向區域整合之路	劉文成/著	NT:300
D5010	業務推銷高手	鄒濤、鄒傑/著	NT:300
D5011	第七項修練－解決問題的方法	薄喬萍/編著	NT:300

WISE 系列

D5201	英倫書房	蔡明燁/著	NT:220
D5202	村上春樹的黃色辭典	蕭秋梅/譯	NT:200
D5203	水的記憶之旅	章蓓蕾/譯	NT:300
D5204	反思旅行	蔡文杰/著	NT:180
D5205	百年的沉思－回顧二十世紀主導人類發展的文化觀念	辛旗/著	NT:350

ENJOY 系列

D6001	葡萄酒購買指南	周凡生/著	NT:300
D6002	再窮也要去旅行	黃惠鈴、陳介祜/著	NT:160